销售需要洞察力

〔日〕杉山彰泰 著

肖辉 王婷婷 译

トップセールスはお客さまの
何を見ているのか？

中国友谊出版公司

图书在版编目（CIP）数据

销售需要洞察力 /（日）杉山彰泰著；肖辉，王婷婷译. — 北京：中国友谊出版公司，2024.8

ISBN 978-7-5057-5847-6

Ⅰ.①销… Ⅱ.①杉… ②肖… ③王… Ⅲ.①销售学 Ⅳ.① F713.3

中国国家版本馆 CIP 数据核字（2024）第 067595 号

著作权合同登记号　图字：01-2024-1319

TOP SALES HA OKYAKUSAMA NO NANI WO MITEIRUNOKA?
© Akihiro Sugiyama 2015
All rights reserved.
Originally published in Japan by KANKI PUBLISHING INC.,
Chinese (in Simplified characters only) translation rights arranged with
KANKI PUBLISHING INC., through Rinch International CO.,LIMITED

书名	销售需要洞察力
作者	[日]杉山彰泰
译者	肖　辉　王婷婷
出版	中国友谊出版公司
发行	中国友谊出版公司
经销	新华书店
印刷	香河县宏润印刷有限公司
规格	880 毫米 × 1230 毫米　32 开 6 印张　102 千字
版次	2024 年 8 月第 1 版
印次	2024 年 8 月第 1 次印刷
书号	ISBN 978-7-5057-5847-6
定价	59.00 元
地址	北京市朝阳区西坝河南里 17 号楼
邮编	100028
电话	(010) 64678009

前言

为什么你的业绩总上不去

"怎样才能提高销售额?"

"每天,客户不是挂我电话就是把我拒之门外,我快要崩溃了……"

"我是不是不适合做销售啊?"

你是否也有类似的烦恼?

我想对拥有同样烦恼的你说:没关系。你的烦恼,我能帮你解决。

你业绩上不去的原因其实很简单。

那就是，你把不必要的时间和精力浪费在不可能成交的客户身上，从而错失了更好的机会。

总是做不出成绩，感到有压力，久而久之就不愿上门拜访客户了。正在看这本书的你，也曾有过同样的经历吧？

看完这本书，你便不会在销售上再做无用功，你的工作也会变得有趣起来。所以，请你一定要认真读完这本书。

从焦头烂额到业绩第一的秘诀

"初次见面，您好！

"我是杉山彰泰，也是全日本最擅长'上门推销'的销售人员。"

我是如何从普通销售人员成长为顶尖销售精英的呢？接下来我将为你娓娓道来。故事，还是要从自我介绍说起。

大学毕业后，我进入消费者金融①行业。是的，就是那个曾

---

① 消费者金融，也称消费者信贷。指银行等金融机构向消费者提供住宅资金或购物货款等信贷，广义上亦指"分期付款销售"。

经被称为"工薪者金融"①的行业。

我原本为了学习金融知识,努力爬到社会的顶层,选择了消费者金融行业,但我入职后却被安排到了催收部门。

那时,我每天不停地给借债人打电话,上门拜访催收账款,求他们还钱。但他们总是假装不在家,利用各种手段和谎言搪塞我,讨债结果可想而知。

"我不应该是这样的。"日复一日,我在懊悔中度过。

直到后来,我学会了一种方法,使我的债权回收率业绩一跃成为第一名。这种方法,我们一会儿再慢慢说。

两年半之后,我跳槽到一家保险公司,负责上门推销业务。那个时候,我心里想着:"都说上门推销不好做,但比起讨债,总归轻松得多吧。"

---

① 工薪者金融,即无抵押消费者小额信贷。日本以薪金制职工、主妇等为对象的高利率小额贷款。因高利贷受害者连续出现,后开始使用"消费者金融"一词,并颁布了限制法。

向顶尖销售"偷师学艺"后明白的"真相"

后来我才知道,所谓的轻松也只限于精神层面。

上门推销的业务员只是心理上没那么痛苦,但能否签约就另当别论了。

我一开始也没有什么业绩。

那时,为了向同部门的顶尖销售学习如何拓展业务,我决定偷偷地跟踪他,偷师学艺。

结果我发现,这位顶尖销售白天几乎不工作。

白天,由于对方的大领导不在公司,顶尖销售通常会在咖啡厅、茶餐厅制订方案,或是在健身房、桑拿房打发时间。他们只会在清晨和傍晚拜访客户。

几天后,我终于忍不住问他:"你这么偷懒旷工,真的没事儿吗?"结果,他的回答让我非常意外。

"我没偷懒呀。为了以最佳状态面对客户,我这是在给自己充电。"

他的这种思维方式让我醍醐灌顶。

确实，比起拖着疲惫不堪的身体应付客户，意气风发、笑容满面地应对客户要好得多。

"所以说嘛，我是在充电。"这就是顶尖销售的思维方式。

我颇有感触，和其他公司的顶尖销售分享了此事，他的回答更是令我大跌眼镜。

"我觉得他的做法很聪明。我现在也不怎么待在公司。比起这个，还是陪社长① 去打高尔夫更能提升业绩呢。"

细聊后才知道，他平时早晨会主动开车送销售公司的社长到高尔夫球场。在车上，他们可以近距离沟通几个小时，久而久之他和社长的关系越发密切，社长也会把私交甚好的其他公司的社长介绍给他。他就是通过这种方式拓展客户，提升业绩的。

就这样，他上门拜访一个又一个的客户，仔细聆听客户的需求，宣传公司的服务，直到签约，创造业绩。

---

① 社长，在日本一般指公司的总经理。即公司的领导人，公司业务的最高执行者，代表公司的权限。——译者注

对没有过类似销售经验的人来说，或许在咖啡厅和桑拿房休息，不上班做社长的免费司机就是在偷懒旷工。

换句话说，你就是让那些无类似经验的人去做同样的事情，他们也只会觉得是在不务正业。

只要觉得自己是在偷懒，就不可能做好销售。你会逐渐讨厌自己，自我否定，缺少动力，拖延行动。长此以往，就会陷入恶性循环。

而越是对工作"认真老实"的人，越容易出现这样的倾向。

所以，请你不要误解。

我并不是说一味模仿顶尖销售的做法，就能够成为一位优秀的销售人员。

而是，不管以何种形式，重点是要对重要的客户投入尽可能多的精力和时间。因此，顶尖销售必须知道如何甄别不必要的拜访和无效的沟通。

"销售战"的背后逻辑

我从顶尖销售那里学到的东西还有很多。

其中一点,就是顶尖销售要具备极强的观察能力。

简而言之,他们的关注点有别于常人。

关于这一点,具体内容会在第一章和第二章中详细叙述。在此,暂且介绍一个事例。

顶尖销售上门推销时,进到办公室后,会先环顾室内一周。如果发现了药箱[①],便会暗喜:"我绝对有戏!"

为什么发现药箱就兴奋不已呢?这说明按照药企先用药后付款的行销方式,有人上门推销时,社长当即就把药箱留下了。

也就是说,从留下的药箱可以看出这家公司的社长"不善于拒绝销售人员"。

[①] 日本传统药企的一种销售方式,在客户那里免费放置药箱,装有常备药,先用药,后付款。药企过一段时间后,来收取已用药品的药款和补充药品。日本富山县药企以这种方式进行药品销售最为著名。

这类药箱中会放置一些常用药，如果只是放在公司无人用药则一分钱也不收取，只有用药才会发生费用。

可以猜想到当时的情形，销售人员对社长说："只是放在贵公司而已，不收取任何费用，就让我放一个药箱在这儿吧。""既然是免费的，那就放吧。"社长便爽快地答应了。

如果发现客户公司放有两种不同的药箱，顶尖销售就更加兴奋了。

在顶尖销售看来，放置两种药箱就意味着，如果我提出"无门槛费"的方案，对方会大概率配合我跟我继续聊下去。

也就是说，只要是"先用后付"这个前提成立的话，不管什么产品，他一定会同意放在公司。

顶尖销售只是从一个药箱就能看透这背后的逻辑，从而将其应用到商业谈判中。

5万次上门推销的实战经验

此外,本书中还会介绍从顶尖销售那里学来的以及结合我本人5万次上门推销实战经验总结出来的销售技巧。

- ▶ 如何一眼识别优质客户,避免浪费不必要的时间与精力

- ▶ 如何一眼看透客户的性格和意向

- ▶ 如何接近不同类型的客户

- ▶ 如何消除客户的戒备心理

- ▶ 如何在初次见面时赢得客户好感

- ▶ 如何激发客户的购买欲望

如果学会了这些方法,你的销售业绩一定会发生翻天覆地的变化。

这样一来,你不会再把时间浪费在没有购买意向的客户身上。

与客户对话时也不会过分紧张,心跳加快或者感到尴尬。也不会在孤立无援中心惊胆战,流着冷汗小心翼翼地介绍产品了。

对方不会再用"我考虑考虑"这样的话去搪塞你,你也不必在谈不下去时无奈离开。

迄今为止,我看了很多关于销售的书,也可以说购买了很多"信息产品",摄取了很多关于销售的知识。

也参加了很多打着"磨炼营销本领"旗号的研修班。

这其中的某些理论、思维方式的确可供销售业务参考,但多数较为抽象,几乎都不能直接告诉我们如何落地。

因此,我在撰写这本书时,时刻提醒自己,内容上要尽可能具体,不讲空话,只写一些即学即用的"干货"。

本书中介绍的所有营销技巧,都是我在做保险、办公器材销售工作期间,经过自身的实践检验,并取得了显著成效的精华。

如果你的客户是一位拥有几十名员工的小公司的社长,我相信你看完这本书一定会感慨相见恨晚。

如果你的客户是大企业的社长或是一般消费者，有些技巧也许无法直接使用，但如果你为了避免浪费不必要的时间和精力需要排列客户优先顺序，抑或是想要一眼看透客户的性格从而更加灵活地应对，那么这本书也会对你大有裨益。

培养洞察力，销售其实很简单

我非常热爱销售这份工作。

我因自己从事销售工作而感到自豪。

销售部门为公司创收，其重要性毋庸置疑。因而公司和社会也应该给予销售这个职业更多的肯定。

然而，社会上有很多人说"我讨厌销售""我不擅长销售"。

那些人对销售工作不抱有好感、还从未体会过得到客户肯定时的喜悦及作为顶尖销售在工作中大展身手的快乐，便在不知不觉中掉队了。

我为此深表遗憾。

只要你看过本书,了解其中所讲的内容,你就完全可以免于业绩下滑,免于因客户和领导的冷言冷语而心力交瘁。

如果你想打破痛苦的现状,那请继续看下去。

我敢保证,你看完后心里会感慨:"其实销售就这么简单。"

2015 年 7 月
杉山彰泰

目 录

CONTENTS

前　言 　　01

第 1 章
开场战术：快速筛选优质客户　　001

01 进入客户办公室前，销售就开始了　　003
02 两个"轴线"快速定位优质客户　　005
03 先挑不善于拒绝推销员的顾客"下手"　　009
04 车——获取对方信息的百宝箱　　012
05 办公楼——判断客户公司规模的第一站　　015
06 从"门面"看客户公司的盈利情况　　017
07 为什么"谢绝推销"的公司也要拜访　　019
08 上门推销，没有攻不破的前台　　021

09 只要对方接电话，总能问出点有用信息	026
10 一通电话就能"化敌为友"的沟通术	028
11 胜在"上门推销前"的销售要点	031

第 2 章
会面准备：高效搜集客户信息的观察术　　033

01 你的成单率藏在你的观察力里	035
02 看同行的产品：确认优质客户	038
03 看绿植：生机盎然的公司更懂生财之道	040
04 看卫生：办公环境反映了公司效能	042
05 看书架：对方看什么书，就聊什么话题	044
06 看奖状：多聊对方的成就，是推销的高级"礼仪"	046
07 看爱好：用"免费"活动创造深度交流的机会	048
08 看白板：重要活动、内部计划都在上面	050
09 看台历：送台历的都是客户的合作伙伴	052
10 快速掌握有用信息的观察要点	054

第 3 章
初次见面：从外部特征锁定客户性格的识人术　057

- 01 客户性格分析：提升成交率的另一把密钥　059
- 02 从额头看客户公司的盈利状况　061
- 03 从头发看客户的购买偏好　063
- 04 从手机看客户的决策风格　065
- 05 从名片看客户的经营理念　067
- 06 快速判断客户性格的观察要点　070

第 4 章
正式洽谈：让客户由排斥变认同的推销术　073

- 01 客户喜欢你，才会喜欢你的产品　075
- 02 越会创造共同点，成交概率越大　078
- 03 顶尖销售的高情商赞美法　082
- 04 在客户自夸时，做个"会助兴"的倾听者　086
- 05 抓住客户表达欲，他会主动"倾倒"有用信息　089

06 谈判桌上的"幽默感"都是提前准备好的 091
07 商务拜访，带上惠而不费的伴手礼 096
08 消除客户戒备心的六大秘法 100

第 5 章
不用"磨破嘴皮"就能快速签单的说话术 103

01 避免强迫性用词，树立坦诚形象 105
02 多说真诚夸赞的话，满足客户自尊心 107
03 "贴标签""戴帽子"，把洽谈氛围推向高潮 109
04 请客户谈谈"当年勇"，成为对方情感的托付者 111
05 创造成交语境，让客户体验"拥有"的感觉 114
06 搞定犹豫不决型客户的引导话术 117
07 口碑营销：让你的其他客户为你说话 120
08 为核心顾客定制专属"活动" 123
09 把谈判的功劳归于对方 125
10 价格战突围密码：多谈附加价值 129
11 讲优势不如讲承诺 131

12 帮你落锤成单的高情商"逼单"话术	133
13 用祝福语营造双赢氛围	135
14 善用隐喻,让客户从潜意识产生认同感	136
15 初次拜访,多谈如何让客户获利	139
16 让你一招制胜的杀手锏话术	142

▶▶ 第 6 章
打开客户心扉的销售思考术　　　145

01 没有一份工作轻而易举	147
02 工作遇阻,你需要换个思路	149
03 卖产品不如卖场景	153
04 选"师父"不如选"赛道"	155
05 "自己赚"不如"一起赚"	158
06 销售要主动,更要进退有度	161
07 自我认同是打动客户的基础	164

结语:让销售变得有趣的核心法则　　　168

第 1 章

开场战术：
快速筛选优质客户

01
进入客户办公室前,销售就开始了

请努力回想一下。

在你上门推销时,拨通前台电话前,你会关注客户的哪些地方?

恐怕很多人都是什么都没确认就贸然拿起话筒打电话了吧。

说实话,我刚开始做销售时也是如此。

每次都心惊胆战地拨通了前台的电话号码。

但话说回来,那已经是我在跟顶尖销售学习销售技巧之前的事了。

其实,只要你在进入客户办公室前确认好几个要点,就能够判断这家公司是否值得你耗费精力。这可以说在无形中给你提供了宝贵的信息。

比如，你进入客户办公室前可以确认以下几点：

▶ 自动售货机

▶ 社长专车或公务车

▶ 办公大楼名称和公司名牌

▶ 入口大门

▶ 是否有"谢绝推销"提示牌

从这几点能够获取到什么信息呢？我们一会儿详细说明。首先，我想要谈谈我们为什么要确认这些事项。

02
两个"轴线"快速定位优质客户

顶尖销售教给我要确认上一节中提到的具体事项。但为什么要确认?起初,我完全不知道。

我也想过可能是为了找聊天时的题材吧,但实际上,这个销售技巧远远比我想的要深奥得多。顶尖销售是为了看清下述这两点。

▶社长的思维方式是与时俱进,还是遵常守故?

▶公司是否有发展前景?

首先,弄清楚社长的思维方式,就大致能够判断出能否签到合同。

遵常守故的社长对待新事物非常慎重，因此很难签约成功。相反，与时俱进的社长对待新事物没有抵触心理，较易签约成功。

其次，如果能够弄清楚该公司的发展前景，就能够确定自己要投入多少精力。

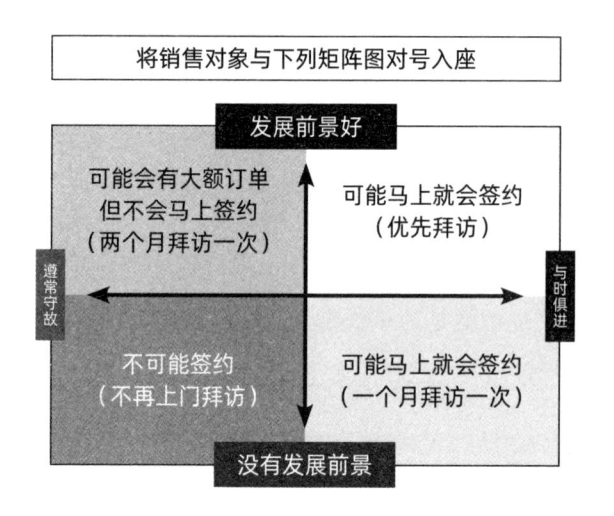

将销售对象与下列矩阵图对号入座

发展前景好

| 遵常守故 | 可能会有大额订单
但不会马上签约
（两个月拜访一次） | 可能马上就会签约
（优先拜访） | 与时俱进 |
| | 不可能签约
（不再上门拜访） | 可能马上就会签约
（一个月拜访一次） | |

没有发展前景

发展前景好的公司，其交易额也可能会随其发展逐步增长。因此，相比没有发展前景的公司，应优先考虑，增加访问次数。

以思维方式为横轴，发展前景为纵轴，可得出如上矩阵图。

顶尖销售能够从在办公室内外收集到的信息，瞬间判断出这家公司属于矩阵图的哪个区域，并利用合适的方式进一步采取攻势。

比如，某家公司属于右上角区域，即"公司发展前景好，社长思维与时俱进"，则很有可能与该公司签约成功，甚至会发展成大额订单。因此应首先对这家公司采取攻势。

相反，如果某家公司属于左下角区域，即"公司发展前景不好，社长思维遵常守故"，则很难与该公司签约成功，更不可能促成大额订单。此时，就算向对方提出了方案，也应该趁早收手，不要穷追不舍。

如果某家公司属于右下角区域，即"公司虽发展前景不好，但社长思维与时俱进"，这样的公司虽然未来期待值不高，却很有可能签约成功。考虑到眼前的销售额，应将其排在第二位采取攻势。

最后，如果某家公司属于左上角区域，即"公司虽然发展前景好，但社长思维遵常守故"，这样的公司虽然未来期待值很高，却很难签约成功。因此，面对这样的公司，要做好打持久战的心理准备。

业绩不好的销售人员，面对所有公司都是千篇一律的方法，过于机械化、模式化。

对所有公司都投入同样多的精力，因此效率低、效果差。

你也会觉得他们是在浪费时间和精力吧。

不可能签约的公司要尽早放弃，可能签约的公司要重点培养。如果能够做到这一点，效率将会大大提高，成交率也会大幅攀升。

为此，收集信息至关重要。

实际上，除上述两点外，在办公室内外，有助于谈判的信息比比皆是。

除此之外，顶尖销售还关注哪些点，从这些点又能获取到哪些信息？接下来我将为你娓娓道来。

03
先挑不善于拒绝推销员的顾客"下手"

首先,从进入办公室前的确认事项说起。

第一,就是要确认是否有销售饮料的自动售货机。

租用写字间的公司,不会摆放自动售货机。而拥有独立办公楼的公司,会在入口附近或者停车场设置自动售货机。

因此,在去前台之前,请先确认该公司是否摆放自动售货机。

如果设有一台,可以说很幸运了。如果设有两台以上不同厂家的自动售货机,那么简直幸运至极。在我发现第二台的一瞬间,已经迫不及待要做出胜利手势了。

那么，通过确认是否有自动售货机能够获得什么信息呢？

答案是，能够判断出那家公司的社长是否善于拒绝销售人员。

那些自动售货机大多是饮料厂家的销售人员上门推销求社长摆放的。

几乎没有人会主动想摆放一台自动售货机。

单是一台自动售货机，就可以说明，在销售人员向社长提出摆放要求时，社长随即就同意了。

因此，不难推断，那家公司的社长不善于拒绝销售人员。

以此类推，如果该公司放有两台以上不同厂家生产的自动售货机，则不难推断该公司的社长非常不善于拒绝销售人员。

大多数中小企业，诸如此类的事宜都由社长决策。为了确认这一点，你可以在沟通时试探性地询问：

"我刚才在外面的自动售货机买了一瓶××，好久没喝过了。那台自动售货机是社长您亲自决定的吗？"

如果对方的回答是肯定的,便可继续与其沟通。反之,如果对方回答"是专务①定的",则可结合情况把目标转向专务。

仅凭一台自动售货机,就能够确定沟通时的战术。

---

① 专务,全称为专务董事。股份公司的董事之一,通常辅助社长(总经理)处理公司的总体业务。

04
车——获取对方信息的百宝箱

车,也是一个重要的确认事项。

在租用写字间的公司,可能很难找出社长专车和公务车。相反,在拥有独立办公楼的公司,社长专车和公务车大多停在相应的停车场。这一点和自动售货机的道理是一样的。

因此,请一定提前确认好。

车,也是获取信息的百宝箱。从社长专车到公务车,只要你认真观察就能够获得各种各样的信息。

比如,如果社长专车(大多停在离入口最近的位置)是进口车或者高端车,则说明该社长很喜欢车,也很希望别人赞美他的车。因此,在谈判之初,夸赞他的车就会使谈判气氛迅速升温,社长也能放下他的戒备心。

为此，为了能够多聊些关于车的话题，应该提前学习一些关于车的知识。

另外，这类社长大多靠自主创业白手起家，在正式谈判前，主动询问对方创业时的艰辛历程，对方就更有可能向你敞开心扉。

如果社长专车是微型车，那么，即使谈起车的话题也不会活跃气氛。在这种情况下，谈车就是禁忌。

贵为社长，却愿意坐微型车，这说明他成本意识根深蒂固。由此可以推断，如果你的提案中没有打动人心的"干货"，对方是不会接受的。

另外，在确认社长专车时，不仅要观察外观，最好也看看车的内部。

比如，如果社长用车中放有高尔夫球杆、棒球手套、网球拍等球具，则在谈判时可以谈谈关于运动的话题。从观察社长车中是否干净利落，大概能够判断出社长的性格是否认真严谨，一丝不苟。

另外，如果公司有业务用车这样的公务车，最好也一并提前确认好。可能你会觉得，公务车都是员工在用，社长又不用，能得到什么有效信息？如果你这样想，那就大错特错了。

如果公务车破烂不堪、外表污浊、凹陷划痕肉眼可见抑或是车内杂乱无章，那说明公司对员工的培训体系不完善。

由此可以判断，这样的公司将来也不会有太大的发展，放在上文提到的矩阵图中，可以分类到"没有发展前景"的区域。

这些确认事项也同样适用于社长专车。

05
办公楼——判断客户公司规模的第一站

你进入客户办公楼前,注意过办公楼名吗?

其实,很多销售人员不确认好楼名就贸然闯进楼里,挨家挨户登门拜访,访问的都是些租赁写字间的小公司,还不自知。这样的情况绝对不占少数。

相反,顶尖销售会确认好办公楼的楼名再登门拜访,这是再基本不过的常识了。

咱们打个比方,一栋高5层叫作"杉山大楼"的办公楼里,有很多公司租户。

并且,从公司名牌得知,这栋大楼的4楼和5楼是一家名叫"杉山商事"的公司。

由此可以判断，这栋大楼很有可能归杉山商事所有。

拥有独栋大楼，说明该公司是盈利的，相应地，与该公司签约成功的概率也会更大。

另外，如果是公司自有办公大楼，包括墙上开孔、日光灯换成 LED 灯等这些施工也不会受到限制，你提案的产品、服务的种类也可以更加宽泛。

再者，从公司名牌还可以看出该公司的规模大小。

没有公司名牌，则可以看公用信箱的名牌。

比如说，通过此种方式可以看出单独租赁一层楼的 2 楼、3 楼的租户公司规模较大。1 楼的租户，两三家公司合租一间房间，说明其员工数少，规模较小。

知道了对方公司的规模大小，不仅可以帮忙判断是否登门拜访，而且便于制订营销策略，推销哪种产品，提供哪种服务，等等。

06
从"门面"看客户公司的盈利情况

很多销售人员到了客户公司后，会立即拨通电话或敲门，然而顶尖销售却不会那么做。

他们在进入办公室前，一定会仔细确认入口大门。

到底要确认入口大门的哪些方面呢？

答案是入口大门是否干净。

入口大门，是最先映入客户眼帘的物品。也是每天必须擦拭打扫，理应最干净的东西。

然而，有些公司的入口大门却污浊不堪，灰尘堆积。

根据我登门拜访5万多家公司的经验，这样的公司，无论到什么时候都无法从出租写字间里搬出来拥有自己的办公大楼,因为它们根本不会成长。

相反,如果某家公司入口大门很干净,则说明该公司的社长做事细致入微、一丝不苟,该公司今后将有很大发展空间。

可以把这样的公司划分到上文矩阵图中的"发展前景好"这一区域。

07
为什么"谢绝推销"的公司也要拜访

作为销售人员,我们经常会看到有些公司在门口张贴"谢绝推销"的提示牌。

此时,很多销售人员都会踌躇不前。你会怎么做呢?

顶尖销售在看到"谢绝推销"的一瞬间,心里暗喜:"太好了,有戏。"

这是为什么呢?

特意把"谢绝推销"贴出来,说明社长讨厌推销。

其实,就等同于"该社长不善拒绝"。

也许很多人会有这样的疑问:"那又怎样?对方看到我时,还是会说'不好意思,我们谢绝推销',然后把我拒之门外。"

没错。

社长会吩咐员工拒绝销售人员推销,一般的销售人员确实会被前台拒之门外。

毕竟,大多数情况下销售人员会被视为不速之客。

但是,请不要忘了,这里是"一般的销售人员"。

"这名销售人员可真不一般!"如果你能让前台这么想,就能突破这道防线。

08
上门推销,没有攻不破的前台

如何才能突破前台防线呢?

接下来我将为你介绍 3 种非常有效的方法。

1. 乔装打扮,掩饰销售人员身份

大部分销售人员都是西装革履地上门推销。

即使不提着公文箱,也会拿个商务包,一本正经。仿佛从头到脚都在告诉对方我是来推销的。

为了掩饰销售人员身份,可以穿工作服上门推销。或者尝试用夹克代替西装外套。

当然，你也不必拎包，用文件夹夹着资料就足够了。

只要稍微打扮打扮，对方就会放下戒备。你不觉得很神奇吗？

"就这？"你可能会有所疑问，但是，外表装扮真的至关重要。

2. 带点小礼品

很多企业讨厌销售人员的原因只有一个，那就是"销售人员不请自来"。

那些销售人员偏偏会在公司业务繁忙的时候出现，一直在那儿讲个不停。即使明确地说不需要，也无动于衷，完全撑不走……

多数社长对销售人员都抱有这样的印象。因此吩咐前台，销售人员来了无须通报，直接赶走就好了。

此时，你要做的是如何把自己从"不速之客"变为"受欢迎的客人"。其中，发挥决定性作用的就是"小礼品"。

虽说是礼品，但不需要有多贵重。

贵重的礼品反而会被拒绝，500~1000日元的小礼品就足够了。

选择礼品时，注意尽量选择那种一大袋中有五六个小包装的礼品。"请大家都尝尝吧。"你随口一说，对方又没有什么负担，就会欣然接受了。

说到我经常带给前台的小礼品，夏天是冷饮类，如冰淇淋泡芙。冬天会选一些热品，如包子。一般是在附近的便利店买上五六个带过去。

为什么会选择这些季节性小礼品呢？"趁冰淇淋还没化，快点吃吧。""趁包子还没凉，快点吃吧。"这样一说，他们就不好拒绝了。

事实证明，这样的小礼品非常有效。"又不是什么贵重的礼物，人家特意拿过来的，化了多可惜啊。要不我吃了吧。"前台人员通常会这样想。

另外，我送小礼品时，还会把自己的份也带上。"其实，我给自己也买了一份，我可以在这儿和你们一起吃吗？"

你这样问，对方一定不会拒绝你。顺利的话，你还能和社长一起边吃着你带来的冰淇淋泡芙，边聊天，关系很快就会熟络起来。

"小礼品"战术真的非常实用，你也试试吧。

3. 找点自然的"借口"

所谓自然的"借口"，可以是这样的：

"前些天，您给我指路，告诉我××公司怎么走，真是太感谢了。多亏了您，我才能和那家公司成功签约。今天我特地来向您道谢。"

"前些天，我给您发了封传真（或者明信片），您看了吗？对于传真的内容，总是有人跟我反馈说'看不懂，随手就扔了'。为此，我前来拜访，想要跟您确认一下情况。"

如果想用这样的借口，就要提前做好准备。比如，提前拜访这家公司假装问路，提前发传真（或者明信片）。

如果在以道谢为借口上门拜访时再拿点小礼品，更是会锦上添花。

此外，想要突破前台防线，还可以用下文这样的借口：

"我今天不是来推销的，是来进行××调查的。请问××

问题已经解决了吗?"

"为减少贵公司的固定费用,我今天前来拜访。我说完方案就走,不会打扰您太久。请问能否给我5分钟时间?"

不同于其他销售人员的穿衣打扮、言行举止和谈话方式,会让对方产生好奇:"这个人和一般的销售人员好像不太一样呢!"

而这,就是突破前台防线的关键所在。

09
只要对方接电话,总能问出点有用信息

很多销售人员不善于电话约访,你呢?

顶尖销售就很善于电话约访。电话约访不仅可以预约拜访时间,还可以通过你们之间的谈话获取到各种各样的信息。

首先,你要确认的是,对方在电话铃响几声后接电话。

规模较大的公司,一般会规定电话铃响后尽快接听电话,为了避免对方等待时间过长,会配备多个业务员,在电话铃响三声以内就会接听。

相反,如果是小公司,可能需要等待很长时间。也就是说,通过确认对方在铃响几声后接听电话,大致可以判断出该公司的规模大小,由此可以决定预约、上门拜访的先后顺序。

此外，有时在对方接听电话前，呼叫声音会发生变化。这表示对方正将电话转接至社长手机或正在使用秘书服务等。

这也是小公司的惯用手法，因此，一旦对方的呼叫声音变了，你就要意识到那是一家小公司。

其实，关于电话约访，有一个不为人知的技巧，就是17点以后打电话预约，大概率会接通社长的电话。

在规模较小的公司、工厂中，17点以后，接电话的业务员就下班了。其他员工也从工地、车间等现场返回办公室，在这以后就由他们来接听电话。

由于他们不善于接听电话，所以拿起电话第一句就是"喂，请问哪位？"而不是"您好，感谢您的来电，这里是××公司"自报家门。从这点马上就能判断出对方的身份。

如果对方的反应是前者，那就太好了。

因为他们并不善于拒绝电话约访，所以只要装作和他们社长关系很好的样子问一句："我是××，你们社长在吗？"对方就会爽快地把电话转接给社长。你也不妨试试吧。

10
一通电话就能"化敌为友"的沟通术

在你电话约访时,对方接电话时的应对方式、声音的大小和音调也是你确认的重点。

首先,如果对方在接电话后非常有礼貌,说明对方接受了系统的员工培训,可以认为该公司发展前景很好。

相反,如果对方傲慢无礼,可以认为该公司没什么发展空间,也大可不必为了约访而死缠烂打。

接下来,就要注意聆听对方的声音大小和音调。因为这两点能够帮你判断出对方是否愿意与你形成统一战线帮助你。

声音小反应冷漠的人,大多反感电话约访,很可能不愿把电话转接给负责人。

相反，声音清脆响亮的人，很有可能把你的电话转接给相关负责人。即便不转接给负责人，你问起负责人的名字，他大概率会告诉你，甚至有可能把负责人在岗时间段告诉你。

因此，如果接电话的人是上述类型，请一定要和他搞好关系。

如果你先自报家门，对方也会告诉你他的姓名。此时，最好一并确认对方所在的部门和职务。

你可能会有这样的疑问："为什么还要问他的姓名啊？他又不是负责人。"

提前问了对方的姓名，就可以在拜访时，把此事作为一个话题谈论。

"前几天接我电话的××先生/女士，我对他/她印象非常深刻。公司要怎么培训才能够培养出这么优秀的员工呢？"

诸如此类，你可以通过表扬对方的员工，让他敞开心扉。

自己的员工被表扬，社长心情自然也会变好。

另外，如果你知道客户公司某位员工的名字，就可以以此为借口，不预约也可以直接上门拜访。

上门拜访时，结合上文的小礼品技巧给对方带点小礼物，还会达到事半功倍的效果。"前几天冒昧给您打电话，不好意思。您非常耐心地解答了我的疑问，非常感谢。"这样一来，对方很有可能把你引见给负责人或者社长。

如果这个人碰巧是有权力的人，只要你和他搞好关系，他就有可能帮助你一起说服社长。

因此，电话约访不仅可以收集到很多信息，而且可以借此机会拉拢对方，为你的谈判助力。

11
胜在"上门推销前"的销售要点

确认要点

进入办公室前

有自动售货机吗?

社长专车是高端车、造型别致的车吗?

公务车干净吗?

办公楼名和公司名是否包含相同的名称?

入口大门干净吗?

有"谢绝推销"的提示牌吗?

打电话时

对方在响铃几声后接听的?

呼叫声中途变了吗?

接电话的人声音清脆响亮吗?

销售需要洞察力

第 2 章

会面准备：
高效搜集客户信息的观察术

01
你的成单率藏在你的观察力里

上一章说到,进入客户办公室前要确认很多事项。办公室内部更是蕴藏了很多关于销售的玄机。

本章中,将会重点介绍办公室内部的确认事项,以及通过这些信息我们能够获取到哪些信号。

有些销售人员还没确认好办公室内部的情况,就直接推销起来。这是没有前途的销售人员的一贯作风。

相反,顶尖销售在抵达谈判地点前,会环视前台、办公室,到了谈判地点也会仔细观察周围,确认以下事项。

- 药箱

- 大型保险柜

- 饮水机

- 观赏植物

- 窗户玻璃、窗帘

- 卫生间

- 书架

- 奖状、奖杯、照片

- 高尔夫用品

- 白板上的计划表

- 日历

突破前台的防线，就有机会看到这些物品。

说到这儿，请你首先回忆一下第 6 页的矩阵图。

从公司内的情况、社长所选物品，可以看出该公司的经营方针、社长的性格、经营状况是否良好，等等。

接下来，我会为你一一说明。

02
看同行的产品：确认优质客户

第一个信号就是药箱。如果办公室内有药箱，则可以推断出该公司的社长"不善于拒绝销售人员"。

原因正如"前言"所说的那样，预防备用药厂家的销售人员求社长："只是放在贵公司而已，不收取任何费用，就让我放一个药箱在这儿吧。"社长便爽快地答应了。

如果你发现公司内放有两个不同厂家的药箱，则可以推断该公司的社长"只要你求他，他就不会拒绝"。

因此，发现办公室里有药箱时，可以考虑推荐给对方引进成本低、可延迟付款的服务。

如果能做到这一点，你的成交率一定会大幅提升。

第二个信号是大型保险柜。这里指高 1 米左右，一个人无法搬运的保险柜。

中小企业的保险柜一般都放在社长办公室。

这种大型保险柜大多是销售人员上门推销时购买的。几乎没有社长会亲自到外面买回来。从这点我们也可以判断出该公司的社长"不善于拒绝销售人员"。

但是，在日本，像这样的大型保险柜，大多是销售人员 30 年前上门推销的产品，因此也有可能是以前的社长购买的。所以，此时要把社长的年龄也考虑进去。

无法确认时，也可以随口问一句："这保险柜真气派啊，是您买的吗？"

谈判时，说"为了您的员工"这样的关键语句也很有可能促成交易。

03
看绿植：生机盎然的公司更懂生财之道

接下来，确认的重点是观赏植物。

最近，越来越多的公司开始摆放观赏植物，从观赏植物可以看到该公司的未来发展，判断该公司是否有发展前景。

换句话说，如果某家公司观赏植物枯萎，叶面落满灰尘，可以判断该公司没有发展前景。

甚至有可能在5年之内倒闭，我想这样说也不为过。

摆放观赏植物原本是为了美化办公环境。但植物没有生机、落满灰尘说明该公司的员工不注重细节，或者忙到没有时间照看植物。由此，可以想象，该公司的经营状况也好不到哪里去。

另外,植物的外观会随周围环境的变化而变化。

在充满活力的氛围下生长的植物生机勃勃,反之,可能会颜色暗淡,甚至枯萎。

这样的公司,未来发展令人担忧,需要格外注意。

04
看卫生：办公环境反映了公司效能

窗户玻璃、窗帘、卫生间不干净的公司也要格外注意。

迄今为止，我拜访过5万多家公司，没有看到过任何一家窗户玻璃、窗帘、卫生间脏乱不堪却有美好发展前景的公司。

是社长不懂得待客礼仪，还是性格懒散没吩咐员工打扫？是人手不够，还是员工根本没把社长放在眼里？

办公室脏乱差的原因有很多，但无论是什么原因，这样的公司大多没什么发展空间。

相反，如果连细节之处也能注意到，打扫得干干净净，则毋庸置疑该公司将有很大发展空间。

我曾经就在拜访时，特意借用过对方公司的卫生间。我建议，即使你不想上厕所也可以去卫生间看看。

其实，很多公司只把客人能看到的地方打扫得很干净，看不到的地方却脏乱不堪，所以，卫生间也非常有确认的必要。

05
看书架：对方看什么书，就聊什么话题

社长办公室大多配有书架，书架也是收集信息的百宝箱。

即使没有书架，社长办公桌周围也会放些他还没有读完的书，这一点也要留心观察。

通过了解社长的读书偏好，可以推测出他的性格和志向，从而更容易建立信任关系。

比如，如果你看到社长办公室有很多成功学、哲学类书籍，则说明他是好学之人，教育即投资的理念根深蒂固。

如果实用技能类书籍较多，则说明他头脑灵活，很可能接受你提出的新产品新服务。

如果你发现全套百科全书整齐地摆放在书架中，那很有可能是销售人员推荐后购买的，也就是说该社长不善于拒绝。

如果上述示例都不适用，只要社长的书架中有你看过的书就可以主动引起对方注意："我也看过这本书。"即使你没看过，也可以说："我前几天也买了这本书。"你主动开口说话，就可以活跃气氛。

06
看奖状：多聊对方的成就，是推销的高级"礼仪"

很多中小企业，都会在社长办公室比较显眼的地方放置奖状、奖杯以及社长和某位名人的合影。

遗憾的是，很多销售人员看到了这些东西也只是一扫而过，并没有过多思考。

这么好的机会，为什么不好好把握？我很费解。

中小企业的社长这么大张旗鼓地把这些东西摆出来，其目的是"炫耀自己的丰功伟绩"。

因此，谈判时主动涉及相关话题，可以说是一种"礼仪"。

认真聆听对方侃侃而谈，让对方畅所欲言，就可以在彼此间构建信任关系。

因此，当你在对方办公室发现奖状、奖杯或是对方和名人的合影时，你应该主动提起这些话题。

可以说，这是一张至关重要的机会牌。

07
看爱好：用"免费"活动创造深度交流的机会

很多中小企业的社长都喜欢打高尔夫球。

电视剧中，我们经常会看到社长在其办公室内练习高尔夫，现实生活中，这样的社长也大有人在。很多社长都会在自己的办公室设置小型高尔夫球场。

在社长办公室发现了高尔夫用品，除了主动和对方谈及高尔夫的话题外，我还会在合适的时机，邀请社长一起打高尔夫球。

另外，我在邀请对方时，不会说"下次有机会，咱们一起打高尔夫球吧"这样的客套话。

我通常会这样说：

"过一阵,有一场免费的高尔夫球比赛,我可以邀请您一起参加吗?"

当然,并没有什么免费的比赛,而是你自己拿钱买的入场券。只是你那样说,对方就不会有什么心理负担,大概率也会接受你的邀请。另外,还可以这样邀请对方:

"社长,我有一位朋友是职业高尔夫球员,下次有机会咱们一起去打一轮怎么样啊?"

业余高尔夫球爱好者很少有机会与职业球员切磋球技,因此,你这样邀请,对方大概率会参加。

实际上,我有一位朋友确实是职业高尔夫球员,因此可以以这种方式邀请社长。因此,如果你也打高尔夫,我推荐你多和专业球员交朋友,或者专业教练也可以。

和社长打上一场高尔夫球、吃个饭、泡个澡,一天下来你和社长的关系就会快速升温。高尔夫就是有这样的魔力,请一定把握好这绝佳的机会。

08
看白板：重要活动、内部计划都在上面

办公室中还有一个不可忽视的确认要项，那就是白板上的本月计划表。

通过公司内网管理内部计划、日程的公司，其在职员工大多在50人以上。相反，在整个日本占比99%的员工不满50人的中小企业，大多会将当月的社长日程和主要活动计划等写在白板上。

很多公司也会把当月日程写在空白较多的日历上，你可以试着找一找。

从公司的计划表，可以看出该公司是否盈利。

如果社长日程不紧凑，比较松散，可以推测该公司不怎么赚钱。当然，并不能百分之百确定，只是这种可能性比较大。

反之，如果社长日程紧凑、工作繁忙，则该公司很有可能非常赚钱。

盈利的公司今后会有更大的发展空间，因此可以对照上文的矩阵图，把这样的公司分类到"发展前景好"的区域。

09
看台历：送台历的都是客户的合作伙伴

办公室墙上的日历、员工办公桌上的台历，最好都确认一下。

日历上需要我们重点关注的地方，是印刷在日历下方的公司名。

公司所使用的日历，大多是客户在年初年末送过来的，上面往往印有"××生命""××工程""××印刷"这样的字样，而很少有员工特意去买。

因此，最好也假装若无其事地看看日历上的公司名。

如果刚好发现哪家公司也是你的客户，那就太幸运了。

为什么这么说呢?因为你也许可以让你的客户公司帮助你和该公司社长牵线搭桥,即使不能从中撮合,也可以通过你的客户打听到该公司的一些内部情况。

办公室里看似随意摆放的日历,其中却隐藏了很大的玄机。这一点也非常值得观察。

10
快速掌握有用信息的观察要点

确认要点

如何辨别不善拒绝的社长

药箱

大型保险柜

饮水机

如何辨别对方是否有发展前景

观赏植物

窗户玻璃、窗帘、卫生间

白板上的计划表

如何制造话题促成交易

书架

奖状、奖杯、照片

高尔夫等体育用品

日历

销售需要洞察力

第 3 章

初次见面：从外部特征
锁定客户性格的识人术

01
客户性格分析：提升成交率的另一把密钥

此前，我们介绍了如何从办公室内外，以及约访时的电话应答等方面确认客户公司的发展前景和社长的类型。

本章将重点介绍在与社长（谈判对象）面对面谈判时，如何从他的外表看透他的性格。

我在与社长谈判时，一定会确认以下 4 点事项。

▶ 额头

▶ 头发

▶ 手机

▶ 名片

从这些事项可以获取到哪些信息？应该怎样接近社长？接下来我会一一说明。

02
从额头看客户公司的盈利状况

与社长面对面时，我首先会确认对方的额头。

从我与5万多名社长打过交道的经验来看，额头气色红润、容光焕发的社长，大多性格开朗，不拘小节。

这样的社长所经营的公司，大多经营状况良好，是盈利的。

因此，大多数情况下，他们愿意聆听销售人员的话。

相反，眉间有一条皱纹的社长，相对来说更为心思缜密、敏感多疑。每天愁眉苦脸，久而久之就长了皱纹。

社长烦恼的事大多是资金运筹等有关钱的事。

因此，初次见面时大多不愿听销售人员推销东西。但是，想要改变他们的思维方式也不是完全不可能的。

有技巧的说话方式也许会改变他们的想法。

这种情况下，谈判时首先要从"有利于对方的话题"入手。

"我今天的这个提案能够让贵公司的销售额翻一番。"

"我今天的这个提案能够让贵公司电话费削减一半。"

谈判时，不应开门见山突然推销起产品，而应首先从"提升销售额""削减成本"入手。这样一来，对方也就愿意听我们继续说下去了，请你也一定要试试。

03
从头发看客户的购买偏好

确认完额头之后,接下来我会确认头发。

实际上,从头发可以判断出对方是否在意自己的外表。

如果某位社长头发蓬乱,白发明显,说明他并不在意自己的外表。

这样的社长不会把钱花在产品的外观和公司的名誉上,而更加重视实质性的利益,也就是属于"舍名求实"的性格。

因此,在推销产品时,比起介绍设计有多新颖、颜色有多丰富,更应该着重强调购买该产品后,客户能获得哪些实质性的利益。

反之，如果某位社长头发打理得整整齐齐，白发也染成了黑色，说明他十分重视外表。

这样的社长与刚才的那位正好相反，比起实质性的利益，他们更加重视产品的外观和公司的名誉。

因此，比起产品的实质性优势，在推销时，应从产品的精美外观、稀缺性、最新款式、区域领先性（如果引进，贵公司将成为该地区首家使用该产品的企业）等方面入手，吸引对方，这样一来成交的概率也会更大。

另外，注重自己外表的社长也会注重别人的外表，因此，在与这样的社长见面时，要格外注意自己的仪表。

04
从手机看客户的决策风格

我在谈判时,也一定会确认社长的手机是平价手机还是高端手机。

从社长的手机可以获取到什么信息呢?

那就是,社长是喜欢新鲜事物还是做事比较保守。

使用高端手机的社长相对来说喜欢新鲜事物,而使用平价手机的社长则属于保守类型。

另外,使用最新款高端手机的社长,可以说他们尤其喜欢新鲜事物。

在面对喜欢新鲜事物的社长时，首先要介绍新产品、新功能等新颖的方面，以此来引起他们的兴趣。

相反，做事保守的社长时，应该着重讲解产品的实际利益以及引进后会为企业带来怎样的业绩。

05
从名片看客户的经营理念

你在和对方交换名片时，会着重观察对方名片的哪个位置？

我想很多人首先会确认对方名字的读音，或是看到罕见名字时感到非常好奇，或是寻找与对方的共同点等，可以通过名片获得很多信息。

当然，这些都是非常重要的，但实际上只要看一眼对方的名片，就能够获取到关于该公司以及社长的各种各样的信息。

观察的重点在于该公司是否在名片上花了很多钱。

如果对方的名片是彩色的，无论从设计上还是用纸上都能够看出花了很多钱，那么首先可以判断该公司是盈利的，也就相对地更容易签约成功。

另外，是否要把钱花在名片上大多是由社长亲自决定的。在与对方谈判时，只要社长点头，那么这笔订单就能够成功签下。如果你想在短时间内快速拿下多笔订单，那么我非常推荐这种方式，即从社长开始展开攻势。

相反，如果对方的名片是黑白的、较朴素的样式，则说明该社长遵循比较稳健的经营方式。这样的公司虽然不会在短时间内快速成长，但可以判断该公司信用良好，短时间内不会破产。

与这样的社长谈判时，比起使用一些花哨的谈判技巧，应该着重介绍引进该产品后会为公司带来怎样的利益。

但是，鉴于社长比较稳健的处事方式，这样的公司，其财政支出决定权很可能把握在财务负责人手中。

因此，在与该公司签约时还必须与财务负责人协商。可以说，是很难说服对方的。

但是，一旦与这样的公司签约成功，你们将会保持长期合作关系，可以说是不可多得的优质客户。因此，如何慢条斯理、从容不迫地说服对方是非常重要的。

另外还可以通过公司主页的域名以及邮箱地址判断公司的规模。如果该公司使用的是免费的邮箱,那么可以判断该公司规模较小,如果是大额订单,可以把这样的公司排在后面去应对。

06
快速判断客户性格的观察要点

确认要点

发型

是否染了黑发、打理整齐

额头

额头是否气色红润，眉间是否长有皱纹

手机

是否是新机型

名片

名片的纸张、印刷是否花了很多钱

第4章

正式洽谈：
让客户由排斥变认同的推销术

01
客户喜欢你,才会喜欢你的产品

本章,我们进入正题,开始讲解谈判时的技巧。

与初次见面的人说话时,无论谁都会有所戒备。

何况对方是上门推销的销售人员。客户通常会带着"我一定不能上当受骗"的想法,谈话前已经在两人间设置了一道屏障。

总之,销售人员最初都会被视为不速之客。

因此,想让对方愿意听自己讲话,首先应该消除对方的戒备心理。

相反，谈判一开始就开门见山地讲解产品是禁忌。

如果还未消除对方的戒备心理就开始讲解产品，那么你最终也只会碰壁。

消除对方的戒备心理之后，接下来你要做的就是赢得对方的好感。

人只会从自己喜欢的人那里买东西。相反，无论自己多么喜欢的东西都不会从讨厌的人那里购买。

因此，你需要做的是赢得对方的好感。

那么，怎样做才能让对方消除戒备心理，赢得对方的好感呢？

接下来，我将为你介绍 6 大必杀技。

▶ 寻找共同点

▶ 毫不吝啬地赞美对方

▶ 想办法让对方自夸

▶打破沉闷气氛

▶逗对方开心

▶送给对方礼物

接下来,我们就按照顺序一一说明。

02
越会创造共同点，成交概率越大

初次见面交换名片时，我想很多人有过这样的经历：发现自己与对方籍贯相同、毕业学校相同或是兴趣爱好相同等，而后，谈话气氛马上就会热烈起来。

这是为什么呢？因为人一旦找到了与对方的共同点，就会迅速拉近与对方的距离。

只要是共同点，无论是什么都无所谓。一般而言，可以是籍贯、兴趣爱好、家庭住址、姓名、年龄、血型、星座，等等。

另外，可以通过提问的方式找到与对方的共同点。比如："我是富山县人，请问社长您是哪里人啊？"

看到这里，请你思考一个问题。

当你问完对方的籍贯之后，如果对方回答说"我是福井县人"，接下来你会怎么做呢？

可能很多人都会想："福井县和富山县不是一个地方啊。"

然后，匆匆忙忙结束籍贯的话题，继续寻找下一个共同点。

然而，我却不是这样的。

籍贯不同也不放弃

实际上，我会强行与对方找到共同点，这是我的惯用手法。

例如，对方的籍贯是福井县，我就会说："福井县啊，咱们都属于北陆地区。"这样一来，就可以把两个地方划分到一个区域了。

如果对方的籍贯不是北陆地区，比如是山形县，该怎么办呢？

这种情况下我会说："山形县啊，咱们都属于日本海沿岸地区。"通过日本海，找到与对方的共同点。

可能你会问，如果是鹿儿岛县，既不属于北陆地区也不属于日本海沿岸地区，应该怎么办呢？

"鹿儿岛吗？那咱们都属于外地人啊。社长，您是什么时候来东京的？"这样一来，就可以通过"东京 vs. 地方"的方式，把自己和对方划分到一个阵营。

同理，比如，两人的爱好分别是高尔夫球和网球，按照运动类和文艺类方式来划分，便可以附和对方说："咱们都是爱好运动类型的。"

年龄也一样，即使与对方不同年龄，也可以利用"同龄人、一代人"这样的方式概括，找到与对方的共同点。

寻找姓名共同点的方法

其实，从姓名上也很容易找到两人的共同点。

看到这里，可能很多人会想："像铃木、佐藤、高桥这样的大姓，确实会经常遇到与自己同姓甚至同名同姓的人。其他姓氏，情况则不同吧？"

没错，的确如此。

比如，我姓"杉山"，绝对不是稀有姓氏。但迄今为止，我访问过的企业中，与我同姓的社长却寥寥无几。

所谓"同名同姓",并不一定是要和你相同。

比如,这个人可以是你的朋友。"我高中时期最好的朋友和社长您同名同姓,感觉我和您一定能合得来。"可以通过这样的方式,找到与对方的共同点。

再比如,这个人还可以是你的叔叔、舅舅,等等。"我的叔叔和社长您同名同姓。"这样,也可以找到与对方的共同点。

不要问对方的大学毕业院校

一般来讲,有关政治、宗教、支持的棒球队这样的话题是禁忌。此外,建议你也不要主动问及对方大学毕业院校的事情。

有些中小企业的社长,他们并没有上过大学。即使上过大学,也可能不是什么一流大学。

那样的社长,对自己的学历总是会有些自卑,因此,请不要轻易问及关于大学的话题。

不轻易问及对方的大学毕业院校,才是一种明智之举。当然,如果你在对方公司的主页上或脸书等媒体上查到了对方与自己毕业于同一所大学,则另当别论。

03
顶尖销售的高情商赞美法

第 2 种方法就是毫不吝啬地赞美他。

没有人会讨厌被别人赞美。无论赞美自己什么，都会非常高兴。

尤其，当别人赞美自己喜爱的东西、价值观、思维方式或是与对方产生共鸣时，很自然地就会把对方看作自己的伙伴，瞬间拉近与对方的距离。

说到赞美对方的点，有很多。

比如，社长的外表、品味、底蕴、教养，还有办公室的环境、他的孩子、宠物，等等。

我想很多人都会赞美社长的衣服、赞美他的领带、赞美他的日常用品，等等。而我，面对中小企业的社长，最常赞美的是他们的"领导力"。

"社长，您的领导能力真的太强了。"

"社长，真佩服您的工作能力。"

很多中小企业的社长都是白手起家，靠自己打拼出来的。他们属于"听我的，跟我干！"那种绝对领导的类型。面对上文那样的赞美，这些社长完全没有抵抗力。

另外，还有一种方法就是通过赞美员工间接地赞美社长。

"贵公司的员工培训做得真到位。"

"您的办公室太干净了，风水也特别好。"

"贵公司前台的那位员工特别亲切友好。"

"接听电话的那位工作人员非常有礼貌，我很喜欢。"

另外，如果社长的办公室摆放了孩子或者宠物的照片，这时也可以赞美他的孩子或者宠物。

此时应注意的是，比起"感觉您的孩子好聪明啊""您的小狗好可爱啊"，更好的说法是"感觉您的孩子也很聪明""您的小狗也好可爱啊"，用"也"这样的字眼。

虽然可能只是微不足道的一点，但注重细节也是至关重要的。

有时候，有些销售人员会说："我观察好久，都没能找到他的优点。"但我想说，这是绝对不可能的。

人，无论是谁，一定会有优点。

即使他的外表看起来没有什么可赞美之处，也可以尝试赞美他的声音、赞美他的说话方式，等等。

比如：

"您的声音非常有磁性。"

"您的声音低沉，很有魅力。"

"感觉您的声音很受女孩子欢迎。"

"您说话条理清晰，非常简明易懂。"

"您说话时,抑扬顿挫恰到好处,太佩服了。"

此前已经说过多次,没有人讨厌被赞美。而且每个人都有自己的闪光点。如果你找到了对方的闪光点,就毫不吝啬地赞美他吧。

而后,才是对产品的讲解。

04
在客户自夸时,做个"会助兴"的倾听者

第 3 种方法就是想办法让对方自夸。

大多数人都喜欢自夸、炫耀自己的丰功伟绩。

但是,考虑到一味地自夸会遭到别人嫌弃,一般情况下也就有所克制,不表现出来了。

因此,如果你侧耳聆听,任由对方畅谈自己的辉煌历史,那么他想被认可的欲望就会得到满足,从而敞开自己的心扉。

为此,你可以通过以下这几种方式引出话题。

"社长,请问那么多奖杯都是什么奖啊?"

"请问那是什么奖状？"

说到聆听别人自夸时的注意事项，让对方心情舒畅地侃侃而谈最为重要。因此，请不要在中途打断他。

再者，可以通过"您真的太厉害了！""太优秀了！""太佩服您了！"这样的方式去附和他，让对方滔滔不绝，从而敞开自己的心扉。

但是，有一部分人说到自己的丰功伟绩，就无休无止地自夸个没完。

我曾经也遇到过一位社长，足足自夸了两个多小时。

当然，最后我成功地拿下了那一单。但如果只是一味地听对方讲自己的辉煌过去，而最后却没有签约成功，那可就太惨了。

自那以后，我都会在谈判之前用手机设定两个闹钟，分别在45分钟后和50分钟后响铃，铃声设定与来电铃声相同。

但是，铃响时立即出去接电话会打断对方的讲话。因此，在第一次铃响时不接，而第二次铃响时假装出去接电话："不好意思。"随即离席。

这样的方式，既不会破坏对方的心情，同时又可以及时中断对方的讲话。

05
抓住客户表达欲，他会主动"倾倒"有用信息

谈判之初，双方都会有所戒备，气氛非常沉重。

提前电话约访还好一些，突然的上门推销总是会让气氛很沉闷。

在这样沉闷的气氛下，讲解自己的产品是绝对不可能成交的。

如何才能打破僵局？让不善言辞的销售人员滔滔不绝、凭借一己之力缓和气氛是不太可能的。

为此，我推荐给你一个必杀技，就是想办法让对方侃侃而谈。这与我们刚才提到的想办法让对方自夸有异曲同工之处，只要让对方心情愉快地畅谈就可以了。

为此，需要你做的就是主动引出对方可能感兴趣的话题。

比如，在见面之前，根据你收集的信息，如果社长喜欢打高尔夫球就主动提及高尔夫球相关话题，同理，喜欢书就提及书相关话题，喜欢车就提及车相关话题。

"我最近也开始打高尔夫球了，但总是打右曲球。请问社长，怎样才能打出笔直的球呢？"

"请问，您最近有没有什么推荐的书？"

主动提起话题时，要注意使用疑问形式。这样一来，便于对方回答。

06
谈判桌上的"幽默感"都是提前准备好的

消除对方的戒备心理，赢得对方好感的第 5 种方法，就是用自嘲的段子逗对方笑。

"笑"，具有打破沉闷、缓和气氛的力量。

在与对方谈判时，讲一些笑话、说一些有趣的话题逗对方笑是再好不过的。但实际上能够临场发挥，讲出搞笑段子的销售人员并不在多数。为此，需要提前储备一些有趣的故事。其中，不会伤害他人的自嘲段子最值得推荐。

我也准备了几个自嘲的段子，以便自己随时随地都能讲出几个有趣的故事。

▶ 高三那年的夏天，在最后一场排球比赛中狼狈收官的故事。

▶ 大学开学时，费尽千辛万苦想加入网球社的故事。

▶ 洗完澡马上喝啤酒，被丈母娘破口大骂的故事。

▶ 散步时，我家的狗跟着美女走，我被狗绊倒受伤，两周才痊愈的故事。

在这里给你讲两个我的故事，仅供参考。

高三那年的夏天，在最后一场排球比赛中狼狈收官的故事

高中时，我是排球队的替补队员。

那是在高三那年的夏天，高中阶段的最后一次比赛。

当时，教练出于对我的关心，让我作为关键分发球员[①]上场。

对我来说，那是千载难逢的机遇，是可以在众人面前扬眉吐气的绝佳时机。我心里想着一定好好发球，好好干一次！

---

① 关键分发球员，英语为 pinch server。通常在比赛进行至关键时刻，如20分、比分落后、气氛不佳等情况时上场，发球扭转局势或是改变气氛。关键分发球员一般都非常擅长发球。

我将球向上高高抛出，助跑、跳跃、使出浑身解数，用力、发球！

"成了！"我心想。然而，随即而来的是一声大叫："啊，疼死了！"还有哨声。

回过神来，我才发现球并没有过网，而是狠狠地打在了主攻手的后脑勺上。我被换下场，丧失了斗志的队友们也因此与成功失之交臂。

我们高中最后的夏天就这样结束了。

大学开学时，费尽千辛万苦想加入网球社的故事

从富山到东京，我考入青山学院大学读书。大一刚开学时，一心想要加入时髦的网球社。开学纳新季，我漫步在校园里，寻找机会等待社团的人主动与我搭话。新生们纷纷被很多社团叫住，询问意向。然而我却一个都没有。

漫长的等待中，完全没有人想要与我搭话。我便自己敲响了网球社的门。

我以为自己进入网球社完全不在话下，没想到竟然还有入社面试。我以为的面试只是形式主义，硬着头皮上了，等待我的结果却是不合格。

话说回来，那个结果也是必然。

从乡下到东京，想要在大学崭露头角的我，开学时可谓精心打扮了一番。烫了一头鬈发，穿着文旦裤①。

现在回想起来，当时只被啦啦队叫住了，也是有原因的，想想真好笑。

可能很多人会认为很难找到讲段子的契机，但实际上并没有你想象的那么难。

寻找契机的关键词就是"提起××"。

"提起××，曾经在我身上发生过这样的事。"这样一来，就可以强行把话题引到搞笑段子上。

比如，"提起社团活动""提起排球""提起夏天的回忆""提

---

① 文旦裤，大腿部异常肥大的裤子，因形似文旦（柚子的别名）而得名。日本昭和时代不良少年的标志性服饰，后演变为一般学生也能穿的学生服。

起高中时期""提起运动",提起这些话题时,就可以和对方分享自己在排球队的失败经历。

同样,"提起网球""提起大学""提起春天""提起新生""提起面试",提起这样的话题时,就可以和对方分享网球社的故事。

请你也一定尝试下这种方法,用"提起××"+"自嘲的段子",让对方敞开心扉。

07
商务拜访,带上惠而不费的伴手礼

第 6 种方法就是礼物。

第一章我们提到过送给对方 500~1000 日元的小礼品。而这里想要讲的则是送给对方他自己想要的礼物。

你听过"礼尚往来"这个词吗?

这是每个人都会有的一种心理,也就是"投之以桃,报之以李"。送礼物的方法正是抓住了人们礼尚往来的心理,我称之为"回礼理论"。这是销售人员赢得对方好感的一个强有力的武器。

为此,我介绍几种曾经送过的礼物,每种都非常有效。

送给好酒之人"梦幻名酒"[①]

首先,如果对方好酒,那么把酒作为礼物送给他则是不二之选。

说到酒,可谓种类繁多、五花八门。比如,日本酒、烧酒,等等。说到烧酒,还可以分为红薯烧酒、大麦烧酒,等等。

在琳琅满目的酒中,有一种酒被称为"梦幻名酒",这种酒一般很难入手。

因此,可以在第一次登门拜访时询问对方:"您有没有什么想喝的酒?"然后把酒弄到手后,再拜访第二次。这样一来,将会大大提升社长对你的好感。

另外,还可以提前走访珍藏众多当地名酒的酒窖,并邀请社长到这样的酒窖参观。

如果能和对方一起去参观酒窖,那么很快就会拉近与对方的

---

① "梦幻名酒",在日本没有明确定义,但通常具有以下几个特点。第一,生产数量极少,很难入手。第二,只在当地流通。第三,在品评会上获得多项大奖。第四,被媒体多次介绍。如清酒"獭祭"就是非常有名的"梦幻名酒"。

距离，而之后的销售也将非常顺利。

喜欢高尔夫，就带他参加高尔夫联谊活动

所谓"高尔夫联谊活动"是高尔夫和联谊的合成词。最近，很多人都会以这样的方式约会，非常受欢迎。

很多高尔夫联谊活动的信息也会刊登在高尔夫球杂志上，因此有很多社长对此有所了解。据我所知，很多社长很感兴趣却从未参加过。因此，如果你邀请他，他一定会欣然接受的。

我曾经和客户一起参加过高尔夫联谊活动，当时客户非常满意。可以说，这种活动的性价比在所有活动中数一数二。

赠彩票给对方以梦想

到了彩票发售旺季，我经常会把彩票作为礼物送给客户。

在日本，一年当中有 5 次发售巨额彩票的活动，分别如下。

▶ Green Jumbo（2—3 月）

▶ Dream Jumbo（5—6 月）

▸ Summer Jumbo（7—8 月）

▸ Autumn Jumbo（9—10 月）

▸ 年末 Jumbo（11—12 月）

每年的这个时候，我都会买上几百张彩票，上门拜访客户时，把彩票当作礼物送给对方。

送礼物的方式分为两个阶段。第一阶段，作为我们友谊的象征，送给对方 1~2 张。第二阶段，我会试着利用彩票劝诱对方签约："如果您今天签约的话，我再送您 10~20 张。"

彩票一张只有 300 日元，本身不是什么贵重的礼品，但一旦中了一等奖，金额高达数亿日元。可以说，送给对方的不只是彩票，还有梦想。

迄今为止，我送过的彩票中还没有中过一等奖的。但这确实是一份能够让人欣喜的礼物，请你也一定要尝试一下。

08
消除客户戒备心的六大秘法

消除戒备的技巧

寻找共同点

籍贯、姓名、年龄等

即使有些牵强,也要尽量找到共同点

毫不吝啬地赞美对方

不管是直接的还是间接的,找到了对方的闪光点就毫不吝啬地赞美他吧

想办法让对方自夸

为对方制造自夸的机会,并在其自夸时积极附和他

打破沉闷气氛

主动提及对方可能感兴趣的话题

逗对方开心

给他讲自嘲的段子

送给对方礼物

确定对方是哪种类型,选择合适的礼物

第5章
不用"磨破嘴皮"就能快速签单的说话术

01
避免强迫性用词，树立坦诚形象

消除了对方的戒备心理，把自己的产品讲解完之后，接下来就到了签约的阶段。

成交与否取决于你是否能够激发对方的购买欲。如果对方没有购买意愿，无论你多么努力，最终也只会被拒绝。

如何才能够激发对方的购买欲呢？

一名好的销售员在与客户沟通时，不会带给对方强迫感，但一定会引导对方下单。下面我将会为你介绍我经常使用并且非常有效的说话技巧。

第一种就是"不在我这儿买也没关系，但请您一定采纳这个提议"。

每名销售人员都想让客户在自己这里购买产品。否则，业绩就无法提升。

关于这一点，客户内心也十分清楚。然而，当你说出"不在我这儿买也没关系"的瞬间，对方反而会手足无措，对你肃然起敬。

原因在于，他从未遇到过这样的销售人员。

当你说出"但请您一定采纳这个提议"时，对方心里会想"他既然都这么说了，想必这个提议一定非常有帮助"或者"这个提议一定会为我们公司带来很大利润"。这时，他心中的天平已经开始向购买的方向倾斜了。

另外，请放心对方不会因为你说了"不在我这儿买也没关系"，就从其他便宜的公司购买。迄今为止，至少我还没有遇到过这样的客户。

不仅如此，这番话还会提升你在他心中的信誉度。他会认为你是一个坦率诚实的销售人员。

可以说，无论对方是谁，这种说话技巧都是屡试不爽的必杀技。下次不妨你也试试吧。

02
多说真诚夸赞的话,满足客户自尊心

面对喜欢新鲜事物的社长,最有效的说话技巧就是"贵公司是第一家"。

这样的社长对"第一"这个字眼非常敏感。如果被别人夸赞"贵公司是第一家""社长,您是第一名",他会无比高兴。

爱尔兰作家奥斯卡·王尔德曾经说过的一句至理名言"男人经常希望自己是女人初恋的对象,女人则希望成为男人最后的罗曼史",正是利用了上述心理。

说到这儿,可能很多人会有疑惑:第一名只有一个,这句话岂不是只能用一次?其实,并非如此。

只要限定条件,缩小范围,随时都可以用"第一"这个字眼。

比如，限定到某个地区："该地区，贵公司是第一个。"限定到某个行业："××行业，贵公司是第一个。"

还可以同时限定地区和行业："在该地区××行业，贵公司是第一家。"

"如果贵公司与我签约，那么贵公司将成为该地区第一家引进该款最新产品的企业。届时，我可以把贵公司作为示范企业，介绍给其他客户吗？"

这样请求对方，他一定会欣然接受的，你也不妨试试。

多说真诚夸赞对方的话，对方的自尊心得到满足，签约成功的概率便会大大提升。

03
"贴标签""戴帽子",把洽谈氛围推向高潮

面对处处为员工着想的社长,"为了您的员工"这样的话是非常有效的。

如果根据你收集到的信息,判断对方是位处处为员工着想的社长,那么请你一定要试试这个方法。

设有饮水机或者卖点心的自动售货机的公司,可以说,这些公司的社长都是为员工着想的类型,他们通过这种方式来提升员工的福利待遇。

同样,如果某位社长提到公司每年都会组织员工外出旅行,那么也可以判断该社长属于为员工着想的类型。

面对这样的社长,为了引出"为了您的员工"这样的话,在

谈判之初,当对方提到设置饮水机、组织员工外出旅行的话题时,你可以提前做个铺垫赞美对方:"社长,您真的是处处为员工着想。"

这种做法充分利用了心理学的"标签理论"。人一旦被贴上某个标签就会按照标签去行动。

也就是说,你给他贴上"为员工着想的社长"这个标签,"为了您的员工"这句话就会起作用。

另外,还可以把自己代入员工角色:"如果我是贵公司的员工,一定会希望您引进这款产品的。"社长就更难拒绝了。

04
请客户谈谈"当年勇",成为对方情感的托付者

创业型社长年轻时为了打拼事业,大多四处奔波、非常辛苦。

正是因为曾经做过销售,体味过其中的酸甜苦辣,所以更能够理解销售人员,愿意聆听销售人员讲话,非常亲切友善地对待销售人员。

而能够让对方回想起当年的自己,回想起打拼的那段岁月,最为有效的方法就是询问对方:"社长,您在××岁的时候,是怎样度过的?"

这个问题本身虽然不会激发对方的购买欲,但会使社长回想起自己的奋斗岁月,进而联想到"这位销售人员好像也很努力,要不我就在他这儿买了吧"。

另外，社长谈起自己年轻时的经历时，请不要打断他，要耐心聆听到最后。同时，要适时附和他："社长，您曾经也这么拼啊！""太不容易了！"

等到社长讲完了之后，你可以试着这样问他："想必社长您遇到过形形色色的销售人员，您认为我怎么样？"

如果对方回答"你还差得远呢"，我便会邀请他下次一起吃饭："下次我安排一下，咱们一起喝点，到时候能否请您给我指点指点？"

我在邀请对方时是打算请客的，但遇到与我父母年龄相仿的社长提出请客时，我也只好让他付款了。

遇到年龄比我稍长几岁的社长，我还是会坚持请客。

另一方面，当我问到对方对我的看法，对方回答"你相当不错！"的时候，我会顺势拿出合同，笑着对他说："如果这样，社长，请您在这儿写下您的地址和姓名吧。"

此时，需要注意你的措辞。要尽量避免"社长，请您在这里签字盖章"的说法。

"签字盖章"这样的说法会提高对方的警惕意识。有一些社长甚至会因此而在签约时犹豫不决。

05
创造成交语境,让客户体验"拥有"的感觉

有些社长对你的产品很满意,却迟迟不肯敲定。

面对这样的社长,我一般会问他:"如果确定订货的话,哪天施工(交货)比较好?"

也就是用假设的方法提起话题。

这样一说,做事谨慎的社长会在你们之间设立一道屏障。"我还没确定要引进呢。""你性子真急啊!"

这个时候,一定不要畏缩。

你可以这样反击他:

"我这样问您,其实是因为我们有免费的施工队。如果贵公司确定订货的话,我可以想办法安排免费的施工队给您。"

"早晚都是要施工的,我想给你们安排免费的施工队。"

这样一说,对方便会认可你的想法。

可能有人会想:"如果推销的产品不需要施工,岂不是就用不到这个方法了?"其实并非如此。

有些产品即使无须施工,也可以使用同样的方法。

比如,你可以这样问对方:"如果您买的话,请问想要什么颜色呢?"

"为什么这么问?"

为了在对方提问时,你可以回答出让他满意的答案,你需要事先有所准备。"黑色非常受欢迎,现在已经断货了。"

另外,如果对方能够明确地回答你提出的假设,则可以认为他签约的概率较高。反之,如果对方含糊其词,故意回避,则他签约的概率较低。

当有些社长回答说还得问问专务的意见时，说明还需要说服专务才能够顺利签约。因此，这个问题还能够帮你确认，社长是一人就能做决定，还是需要与其他人商量。

06
搞定犹豫不决型客户的引导话术

面对迟迟不肯签约的社长，你可以这样问："您无法最终确定的理由是什么？"

很多销售人员认为这个问题把对方推向了"不买""不签约"的一方，但实际并非如此。

因为，只有明确对方不买、不签约、无法最终确定的原因，才能给出相应的解决对策。

不能最终确定的原因有很多，比如，"现在不需要""不喜欢这款产品""没有我想要的功能""价格过高""不喜欢你们公司""不喜欢你"，等等。

其中可能会有让你觉得刺耳的话。

但只要弄清楚对方不能最终确定的原因，并加以改善，最后就有可能让对方与你签约。

如果对方的理由是"价格过高"，你就可以问他多少钱能够接受。对方给出了价钱，你又可以回答他"我回去跟部长请示一下"。

如果对方的理由是"现在不需要"，你就可以按照以下流程询问他：

"请问您大概什么时候需要呢？"

"也许明年吧。"

"如果是这样的话，您可以现在签约，我们明年交货。您现在签约是最划算的，以后再也不会有这样的优惠力度了。"

用这样的方法，逐一攻破。

如果理由是"我不签约是因为不喜欢你"，那你可以回答"我会努力让你喜欢上我的"或者"如果您不喜欢我，可以让我的同事为您服务"。

总之，弄清楚对方不买、迟迟不能确定的理由是进行下一步的关键。而大多数情况下，对方的理由都是可以解决的。因此，对方犹豫不决时，请你一定要问问原因。

07
口碑营销：让你的其他客户为你说话

面对犹豫是否要签约的社长，最有效的方法就是"这些人都非常推荐我们的产品"。

其他客户的反馈是非常有说服力的。

可以说，客户的 1 次好评要比销售人员的 100 次自荐作用还要大。

因此，销售人员没有理由不使用"客户"这个秘密武器。

我会用推荐信的形式收集客户的反馈。

我通常会提前做好推荐信的格式，请一些对我的工作和产品比较满意的客户在推荐信上签名，并把这些推荐信整合到一起，上门推销时带在身上。

如果曾经给我写过推荐信的某位社长与这次的目标客户社长相熟识，那么大概率会签约成功。

到目前为止，我已经收集了相当多的推荐信。如果你接下来也准备开始收集推荐信，我认为第一阶段先收集30封比较好。

30封推荐信已经非常有说服力了。

我的推荐信模板如下图所示。从今天开始，你也试着收集推荐信吧。

| 助力签约的推荐信 |

推荐信

大图章

A 股份公司　　XX 商事

B 我川田，满怀自信地推荐杉山彰泰。

杉山彰泰不仅为我司提高了办公自动化基础设施的生产效率，并且利用自己的聪明才智和广泛人脉，每年为我司削减成本高达 50 多万日元。非常感谢杉山彰泰为我司介绍新客户，为我司的利润创收做出了巨大贡献。

杉山是一位性格开朗，积极向上的销售精英。相信他一定会为贵公司带来巨大价值，请您一定要听听他的提案。

2015 年 8 月 3 日

C 有限会社川田运输　代表取缔役　川田太郎

A 目标客户名

B 自己（销售员）姓名

C 推荐人的公司名和姓名（尽量手写）

08
为核心顾客定制专属"活动"

当你提前了解到社长想要的东西和想体验的事情时,最有效的一句话是:"促销活动开始了!"

比如,社长想要一张新开的高尔夫俱乐部的票。你便可以对他说:"社长,最近有一个促销活动,免费赠送高尔夫俱乐部门票。一定要把握住这次机会啊!"

当然,不可能那么凑巧一定会有促销活动。

因此,你需要与领导商量,专门为他做个活动。

根据我的经验,只要活动经费控制在所销售产品利润的 10% 以内,领导基本上都会答应。

如果公司的促销活动不能满足客户的需求,就应该从自身出发,为客户量身打造一个活动。

准备好对方想要的东西摆在他面前,这种情况下的成交概率将会大大提升。你也不妨试试吧。

09
把谈判的功劳归于对方

当交涉的对方不是社长，而是总务部长这样的中层管理人员时，最有效一句话是："总务部长，这是您的功劳！"

社长、中层管理人员、普通职员，他们被触动的点不尽相同。

社长关心的是："买了产品，会为公司和我带来怎样的利益？"普通职员关心的是："公司购入该产品，会为我们的工作和业务创造多大的便捷？"

那么，既没有经营责任，又不从事一线工作的中层管理人员，他们最关心的是什么呢？

那就是"功劳"这个关键词。

比如，新上任的总务部长，他们最关心的是"降成本"，这时，如果你的提案是"购买这台打印机，贵公司的成本将会缩减一半"，对方一定会有兴趣与你继续聊下去。

同时，"贵公司引进这台打印机后，所降成本将是您的功劳！"这样一句话，更是可以助力你与总务部长成功签约。

"和什么相比价格过高"

有些社长会因价格而犹豫不决："产品是不错，但价格太高了。"

面对这样的社长，你可以尝试问他："和什么相比价格过高？"

我们来打个比方，你在推销一种办公电话，长租 7 年，每月费用为 1.5 万日元。对此，社长表示价格过高，犹豫不决。

这时，我一般会这样问：

"社长，和什么相比您觉得价格过高？您每月电话费多少钱？……1 万日元吗？社长您一个人使用的电话费用是 1 万日元，公司所有员工一起使用的办公电话费用是 1.5 万日元。其实差别不大啊。

"按照平均每人的费用计算，比社长您的电话费还便宜呢。"

另外，还可以和油费、买烟的费用做比较。

"社长，您每个月油费花多少钱？……4万~5万日元吗？这么一比，办公电话费用每月只需1.5万日元，您不觉得很便宜吗？""社长，您每月吸烟大约花多少钱？ 1.5万日元吗？办公电话费用和吸烟费用一样啊，您还觉得贵吗？"

另外，对于雇用了安保公司的企业，你还可以这样比较：

"社长，您每月付给安保公司多少钱？……3万日元吗？也就是说，5年就是180万日元。社长，贵公司随时都有180万日元现金吗？没有吧。贵公司不可能被偷180万元，却愿意支付180万日元的安保费用。"

"社长，我想贵公司也参保了租赁综合险。这个保险最多能保障贵公司30万日元现金与300万日元的储蓄存折和储蓄卡，您知道吗？"

还可以与其他大额产品比较，都是非常有效的。

例如，有些工厂每月花费约50万日元的电费，与这样的大额费用比较即可。

"社长，贵公司每月向东京电力支付多少电费？50万日元吗？我们办公电话的费用是1.5万日元，与贵公司每月电费相比，简直不值一提呀。"

这样一来，面对认为1.5万日元价格过高、目光短浅的社长，只要将这个价格与其他高额费用相比较，就可以让他站在高处、目光放远。我称之为"纳斯卡地画[①]作战"。

这个方法非常有效，请你一定要试试。

[①] 纳斯卡地画，也称"纳斯卡线条"，是一种巨型的地上绘，有着广大宽阔的直线，描绘的大多是动植物。位于南美洲西部的秘鲁南部的纳斯卡荒原上，是存在了2000年的谜团。究竟是谁创造了它们并且为了什么而创造，至今仍无人能解，因此被列入十大谜团。

10
价格战突围密码：多谈附加价值

在你提案后回答价格过高的社长，其心理大致可分为两种。

对方不是仅凭自己的感觉做出的判断，而是与之前的销售人员报价相比价格过高，或是与他在网上查到的价格相比过高。

这时，我通常会这样说：

"社长，如果您只是追求价格的话，在网上买确实是最便宜的。如果您不需要保修服务，有款产品就行，那我推荐您在网上买。"

"销售人员也分三六九等，不同的销售人员为您带来的信息、人脉等附加价值截然不同，当然这个附加价值多多少少会体现在产品价格上。"

"社长,您看看我,如果还是觉得我的产品价格高,您可以不在我这儿买。"此时,满脑都是价格高价格低的社长会说:"我不是那个意思。"

大多数销售人员自我认同感较低,很少有人能说得如此笃定。但只要你能够收集到高质量信息、拓展人脉、提升自我附加价值,你便可以满怀自信地说:"这是我能为您提供的附加价值。"长此以往,你也可以成为一名签单高手。

11
讲优势不如讲承诺

如果对自己的产品很有自信，你不妨试着说："如果您不满意，随时都可以退货。"这句话非常有效。

实际上，大多数产品都是可以无偿退货的。如果你对自己的产品有信心，就应该斩钉截铁地说："如果我承诺给您的事情没有做到，您随时可以申请退款。"

"话说到这个份儿上了，想必他对自己的产品相当有自信。"对方一般会这样想，最终的结果就是与你签约。

"我这样说，事后对方不会要求我还钱吗？"可能有人会担心，但实际上，迄今为止我从未遇到这样的事情。

因为我承诺对方以最大限度降成本的时候，我就会为对方提出降成本的方案。

反之,为了提升业绩诓骗客户,还嘴硬可以无偿退款的销售人员,自然会把自己卷入被投诉的旋涡。

只要不欺骗客户、说到做到,承诺对方可以无偿退款就会发挥很大作用。

12
帮你落锤成单的高情商"逼单"话术

"不用非得今天签吧。咱们改天再说吧。"这是客户想要拒绝时的惯用说辞。

"改天"将遥遥无期。

有句老话叫"趁热打铁",择日不如撞日,销售也如此。

但是,如果你请求对方"拜托您了,今天签了吧",就会被对方抓住弱点。

此时,最好的方法是询问对方不方便的时间:

"如果您买该产品的话,安装方面,您是否有不太方便的时间?比如,月初月末,临近发工资的日期或者五十日①……"

对方给出答案后,你应该主动确定下次见面的时间:"这样的话,结合我们这边的情况,这个月只有这一天双方都有时间。我们暂且预约这天见面,可以吗?如果临时有问题,随时都可以取消。"

同时,还要和对方明确必须今天确定下来的理由:"如果这天安装的话,往前推算,今天就必须申请了,否则时间上可能来不及。"

人在没有任何理由的情况下被催促,只会感觉自己被赶着走,心情自然不会好。

但是,如果你告诉对方今天签约的理由和好处,他会感觉你有站在他的立场上考虑,为了他好,他就会认可你。

---

① 五十日,一个月中带有五、十的日子。这些日子正值交易付款日,一般认为交通因此而堵塞严重。

13
用祝福语营造双赢氛围

在日本，办公室内放有神龛、达摩、熊掌的社长，以及对运势相关话题比较敏感的社长，跟他们谈判时，最有用的一句话是："我们一起提升运气吧。"

也可以说："今天是黄道吉日。""今天是天赦日（一年只有4天的吉日），最适合添置新物。"或者："今天是一本万利日（适合开始尝试新事物）。"在提出今天是好日子之后，说："社长，今天运势这么好，我们今天签约，一起提升运气吧。"

还可以有其他说法，比如，"我们一起冲吧""我们一起腾飞吧"，等等。

使用"一起"一词，代表你们两个是命运共同体，强调你不会卖完产品就不认人。

14
善用隐喻，让客户从潜意识产生认同感

对于喜欢车、在意别人对自己的看法的社长，最有用的一句话是"社长，请您坐'奔驰'"。

当然，"奔驰"只是打一个比方，顶尖销售非常擅长打比方。

我卖的产品有打印机、办公电话、电脑等，这些产品都过于专业化，即使我向客户讲解产品的规格和性能，他们也无法完全理解。

但是把这些产品比作车，对方就马上能够明白。如果是喜欢车的社长，那更是锦上添花。

比如，我在向某公司推销办公电话时，会这样打比方。

价格最高、功能最齐全的无绳办公电话是"奔驰"。

中端24键办公电话是"丰田MARK-X"[①]。

最便宜的12键办公电话是"丰田Corolla Axio"[②]。

向社长推荐电话时，不是"社长，我推荐最高端的款式"，而是"社长，请您坐'奔驰'"。

"社长，请您坐'奔驰'"这句话表面上有这样的意思：

"您德高望重，就应该坐'高档车'。请不要坐'廉价车'，要坐'奔驰'，'奔驰'才符合您的身份。"

这句话还有这样的深层意义："坐'廉价车'，只会降低您的身价，使您沦为廉价的经营管理人员。"

并且，这样一说，对方既不会跟你讨价还价，也不会要求多个供应商会同报价，当场确定签约的概率非常高。

---

① 丰田MARK-X，日本MARK-X是一款运动型车，国产后，MARK-X被赋予了一个新的中文名——锐志（Reiz）。

② 丰田Corolla Axio，是专为日本市场研发的车型。

原因在于，没有社长想要降低身价，与别人比较后发现自己低人一等。

"坐'奔驰'＝用最高端的产品"，以此来寻求自我满足，而这种满足感会转化为对销售人员的感激。

15
初次拜访，多谈如何让客户获利

"请把贵公司的产品卖给我吧。"这句话用在电话约访时，可以突破前台的防线。用在谈判的最后阶段，也会是一个一招制胜的杀手锏。

电话约访时，这句话可以让你接通社长的电话，让你有机会与社长面对面沟通，是屡试不爽的必杀技。

突然上门推销时，这句话也非常有效。

具体方法如下。首先跟对方说："请把贵公司的产品卖给我吧。"接下来你变成听众，仔细聆听社长的讲解。

待社长讲解完之后，你可以试着这样说：

"社长，我想到一个增加贵公司产品销量的方法。我可以现在说一下吗？"

社长一定会同意的，接下来你就可以提出你的方案：

"我可以把贵公司的产品介绍给我的现有客户。为了工作能够顺利地展开，我需要把贵公司作为我的客户介绍给对方。"

"这样啊。你们公司是做什么的？"对方反过来问你的时候，你便可以开始介绍你的产品。

当对方处于聚精会神聆听的状态时，你终于可以开始讲解自己想要卖的产品了。

就这样，步步逼近。

剩下的就是你全力以赴地讲解，把对方的注意力集中在你的产品优势上。

听着你的讲解，大多数社长都会心里打着算盘：

"如果他能帮我们卖出产品的话，能赚这些钱。好像我买他的产品也并不亏啊？"

当然，如果社长买了你的产品，就要按照事先说好的那样把自己的客户介绍给社长。

这里有一点需要注意的是，要确认好这家公司的产品是否有可能卖给自己的现有客户。

所谓"营销"，不是只有自己的公司获利，只有实现双赢，才是真正的营销。

16
让你一招制胜的杀手锏话术

面对犹豫不决的社长时

"贵公司是第一家。"

"为了您的员工。"

"社长,您在××岁的时候,是怎样度过的?"

"如果确定订货的话,哪天施工(交货)比较好?"

"您无法最终确定的理由是什么?"

"这些人都非常推荐我们的产品。"

"促销活动开始了!"

"请问您哪天不方便？"

对方提出价格高时

"和什么相比价格过高？"

"如果还是觉得我的产品价格高，您可以不在我这儿买。"

"如果您不满意，随时都可以退货。"

想要用区别于其他销售人员的方式吸引对方注意时

"不在我这儿买也没关系，但请您一定采纳这个提议。"

"这是您的功劳！"

"我们今天签约，一起提升运气吧！"

"社长，请您坐'奔驰'！"

"请把贵公司的产品卖给我吧。"

第6章
打开客户心扉的销售思考术

销售需要洞察力

01
没有一份工作轻而易举

最后,我想分享一下自己是怎样摸爬滚打最终成为顶尖销售的。

"前言"中也提到过,我走向社会后的第一份工作是消费者金融行业。

我选择消费者金融行业的原因,是想要学习金融知识,努力爬到社会的顶层。

然而,我的实际工作却是向借债人要账。

我并没有做过要账的工作,自然不知道如何是好。

最开始,我按照前辈们的方法,每天给逾期还款的借债人打电话。

但借债人通常不会接电话。

于是,我又按照前辈们所教的那样,用瘆人的语气给对方留言:"我是新宿的杉山!速速与我联系!"

每天打 300 通电话,而接通的只有 30 通左右。

对于那些不接我电话的人,我会上门催款。但对方也有所戒备,敲门也不应答,假装自己不在家。

我也只好继续打电话、上门催款,反反复复做着同样的事情。讨债结果大多以失败告终,就这样 4 个月过去了。

02
工作遇阻,你需要换个思路

催款工作进展不顺利,我想不能一直这样下去。那时,我想起了祖母告诉我的一句话:"不要做对方讨厌的事。"

我自我反思我迄今为止所做的这些事,都会惹人讨厌吧。怎样才能让他们接纳呢?

深思熟虑后,我改变了作战方针,决定采取更为体谅对方的催款方式。

具体来讲,就是我会在不在家或者佯装不在家的债务人家中的信箱里留封信,内容如下:

"假装不在家,对你也没有任何好处。如果你坚持这样,我只能把你的债权转让给三流金融公司。

"其实我并不想这么做,这不是最好的解决方法。在债权转让前,请尽快与我联系。

"我们见面好好谈一下。不是让你还钱,而是教你如何不还钱也能处理好债务问题。即使你申请破产,请律师也要花钱,我教你一种不用花钱的方法。但请提前准备好 5000 日元最低还款额。

"我想你现在一定接到了很多其他金融公司打来的催款电话。你用了我的方法,其他公司就不会再给你打电话了,你也可以不用再还钱。

"我和你是站在一边的,请一定相信我,给我打电话吧。"

这封信的效果非同小可,对方马上就会打来电话。

见面时,我教给对方无须律师,自己就可以申请的破产方法,并让他自行申请破产。

模仿"北风与太阳"[①]的故事,我把这叫作"太阳作战"。

---

① 北风与太阳,北风与太阳两方为谁的能量大相互争论不休。这则故事说明,劝说往往比强迫更为有效。晓之以理胜于命之以令,仁慈、温和与说服胜过强迫。用温和的方式更容易达到目的。

当然，公司能够收回全款是最好的。

但是，利用非担保人的家属要账这种方式是无视规则的做法，我并不赞同。我的方法则是自己深思熟虑后得出的。

这样一来，在本来讨人厌的催款回收工作中，我竟收到了借债人的感谢。

并且，宣布破产的借债人，可以从我以及我所在分公司负责的催收对象中刨除，因此我的借款回收率总是第一名。

我研究出了自己独特的催款方法，大家对我寄予厚望，认为我是接班人的不二人选，开启了我的晋升之路。

然而，发生了一件事，让我决定辞职。

我当时有位交往多年的女朋友，我向她求婚时，被她的父亲拒绝了。他说："我绝对不会把女儿嫁给要账的人。"

我深受打击。

我与女朋友从大二时开始交往，已经交往四年。正是因为我深信她一定会嫁给我，所以在被拒绝的时候受到了很大的创伤。

然而，更让我意外的是，在我被拒绝前她已经新交了一位在保险公司工作的男朋友。

我下定决心换了工作，毫不犹豫地选择了保险行业。我要赚很多钱，成为顶尖销售，把她的男朋友远远甩在背后。让她后悔，也为自己争口气。

就这样，我辞掉了工作两年半的消费者金融工作，转行到保险行业。

03
卖产品不如卖场景

保险公司有两个月的试用期，在此期间，要在自己负责的区域签下8笔订单，否则不予录用。

当时我负责的区域是新宿附近的大久保地区，在那之前是没有一个人成功攻破的"重灾区"。

后来我得知，这个地区的难度高在于居住了很多中国人和韩国人，他们几乎不懂日语。

我销售的产品可以是人寿保险，可以是财产保险，对合同的金额也没有限制。

在一般的地区，两个月签下8笔订单并非难事。但是在我负责的这个地区，很多人不懂日语，这成了我销售的最大瓶颈。

为此，我想到推销尽可能简单、便宜并且符合客户需求的保险。

我选择了火灾险中的"店铺停业保险"。

这个保险的具体内容是，客户每月向保险公司支付约2000日元的保费，店铺遇火灾无法营业时，保险公司会向店铺支付一定费用，以补偿其日收入。我当时想把这个保险卖给经营餐厅的中国老板。

其实，很多店铺参保了火灾险，但很少有人参保这个险种。

但问题在于如何把我的意思传达给不懂日语的中国老板。

那时，我想到了漫画。

首先让他看发生火灾的画面，然后是店铺因无法营业没有收入的画面，最后是每月支付2000日元的保费，保险公司就会补偿日收入的画面。

我的这种推销方式大获成功，第一个月就顺利签下了8笔订单。

两个月成功签下了16单，我也因此成功转正。

04
选"师父"不如选"赛道"

转正后,我被安排到涩谷分公司。

虽然我顺利通过了试用期考核,但毕竟是第一次卖保险。然而,却没有人教我如何卖保险。

因此,最初我只好按照自己的方式慢慢摸索。

试用期的经验告诉我,低价保险非常好卖。

因此,最开始为了卖月保费约 1000 日元的损失赔偿保险[①],我每天上门拜访 100 个家庭,日复一日。

---

① 损失赔偿保险,是以损失赔偿原则为基础的保险。被保险人因遭受责任范围内的灾害、事故而发生经济损失时,由保险人进行赔偿。与人寿保险不同,它的赔偿原则是以被保险人的实际损失为限度。

等到签单家庭达到一定数量后，我会向已有客户推销单价较高的人寿保险，并开始促销活动，承诺"只要让我复印一下您的保单，我就可以赠送给您2000日元的购物卡"。

这个方法非常奏效。第一年，我就成功签约了很多份人寿保险。但与顶尖销售一比，才知道自己的销售额与对方的差距。

为了弄清楚顶尖销售的销售方法（"卖给谁，卖什么"），我便跟踪了他。

跟踪后，我发现顶尖销售的销售对象不是个人，而是中小企业。他们有自己独特的风格与方法，因此取得了不错的成绩。在那之后，我也开始模仿顶尖销售，把目光转向最能提升业绩的企业法人。

销售对象换成企业法人后，我每天上门拜访约100家中小企业。我拼了命地推销，成交率却不高。

有一天，我偶然在一本杂志上看到了一篇某一成长型风投企业经营管理人员的采访特辑。

"没错，就是这个！"看到采访的一瞬间，我欣喜若狂。

我立即买下了那本杂志，决定凭借杂志上的信息，主攻发展前景一片光明的风投企业。说起来，我当时访问的企业社长中，有刚刚创业，还只有一间办公室的堀江贵文以及乐天的三木谷浩史。

后来，我在入职第二年，在涩谷分公司的保险宣传活动中成功包揽了"签单数量""销售额""公司最推荐产品销量"三项冠军。

05
"自己赚"不如"一起赚"

我在那家保险公司工作两年后,跳槽到其他保险公司。在那儿,我想出了一个保险销售方法,成为我销售生涯中至关重要的一笔财富。

具体的方法是,帮助客户公司削减经费,让客户把削减的成本作为保费投保。

当时,我认识一家办公自动化机器销售公司的老总,我便与他的公司合作销售保险。具体来讲,对于那些想要参保但资金不足的公司,我会首先向它们介绍我朋友的办公自动化机器销售公司。

对方引进办公自动化机器后,电话费和打印机费用得以削减。

再让对方把削减的成本作为保费投保。

从此,在我、客户还有办公自动化机器销售公司间形成了"三赢"的关系。

这样一来,客户无须自掏腰包付保费,便非常爽快地答应参保了。

我在跳槽后的第一年,成功在神奈川地区的70名销售人员中,取得了第一的成绩。

以此为契机,办公自动化机器销售公司有意以年薪2000万日元聘请我为高级顾问。

销售本领过硬,到哪儿都适用。

2002年,网上保险销售服务兴起。猜想今后的保险行业价格竞争将会越发激烈。

另一方面,办公自动化机器行业光纤维开始普及,预测办公自动化机器整个行业将会迎来快速增长期。

考虑到自己的销售方法也适用于办公自动化机器行业,我便答应了对方的邀请。

"只要换一款打印机，成本将会大幅度削减。"我提出这样的方案，很多经营管理人员都有兴趣继续听我讲下去。

降成本的营销策略使我在新的领域里，持续一年稳居销售第一的宝座。

但是，我最后并没有收到公司当初承诺的 2000 万日元的报酬（实际我收到的报酬还不足一半），我就此与这位朋友断交。

我决定自己创业，成立办公自动化机器销售公司。那年，我 30 岁。

06
销售要主动，更要进退有度

我自己的公司成立后，我仍然奋斗在办公自动化机器销售的一线。

本书中前文所介绍的销售技巧，都是我脚踏实地、一步一个脚印地摸索、实践过的。也正是这些经历，造就了我的公司从未亏损，连续 11 年盈利的良好经营状况。

多年的销售经验，让我切身感受到了"确认客户企业是否有发展前景""不同性格的客户要使用不同的营销策略"的重要性。

一味盲从地上门拜访、千篇一律的推销方式，再好的产品也很难卖出去。

另外，我在上门推销业务中感受很深的一点是，不能抱着第一次访问客户就签下订单的心态。

我把第一次访问定位为"调查",目的是给客户分类。真正的签合同是从第二次开始。

正是因为我十年如一日地坚守着这样的原则,才没有在第一次访问时给客户留下"拼了命地卖保险的财迷"形象。我也因此能够更加游刃有余地与客户接触。

凡事都想一次性解决,就会在无意间流露出"激进"的感觉。

对此,客户就会有所戒备。无论你说什么、做什么,对方都会持怀疑的态度,从而陷入恶性循环。

相反,把第一次访问视为"调查"的销售方法,看似效率低、与成交尚远,但实际并非如此。

第一次访问就想签单的销售方法,看似竭尽全力地应对所有客户,实际结果却总是竹篮打水一场空。

与之相比,把"调查"作为第一次访问目的的销售方法,与对方初次见面时无须在销售上耗费精力,身体上、精神上都会比较放松。因此也更容易区分出可能签约与不太可能签约的客户,从而大大提升第二次访问时的成交概率。

我确实也有过第一次访问客户时就完成了从调查到成交的经历。

但如果你是一个不善推销的人,我建议你改变一下销售方法,试着把调查作为第一次访问的目的。

07
自我认同是打动客户的基础

时刻保持较高的自我认同感也是我司连续 11 年盈利的一个原因。

较高的自我认同感,不仅是对我自己的要求,同时也贯彻落实到每一位员工身上。

面对自我认同感较低和较高的两名销售人员,客户一定会选择向自我认同感较高的销售人员购买产品。

我想,你也不想从认为自己销售能力差、自我认同感较低的销售人员那里买东西吧。

那么,如何才能提高自我认同感呢?其中的一个方法就是"捐赠"。每签下一单合同,先决定"送出去"多少钱,再把钱

"送出去"。

"捐赠"的对象可以是任何人。

这样的方式，会让自己感觉到"我的工作也间接为社会做出了贡献"，从而提升自我认同感。

我自销售保险开始，每签下一单，都会给父母汇款，这就是我的"捐赠"方式。

另外，我司还会每月召开一次自我认同感提升会议。

会上，要求所有销售人员找出别人的三个优点。

"我非常欣赏你坦率的一面。"

"我觉得你非常有执行力。"

会上，所有人找出别人的优点，无论多么微小的细节都可以毫不吝啬地赞美他。

被赞美的一方会提升自我认同感。

赞美别人的一方会变得更善于发现别人的闪光点。谈判时，就能够快速找到客户的优点,并毫不吝啬地赞美对方。可以说是一个一举两得的好方法。

我强烈推荐你和同事们也一起举行这样的自我认同感提升会。

此外,为了提升自我认同感,我还会制作一本"梦想手册"。

提升自我认同感的"梦想手册"

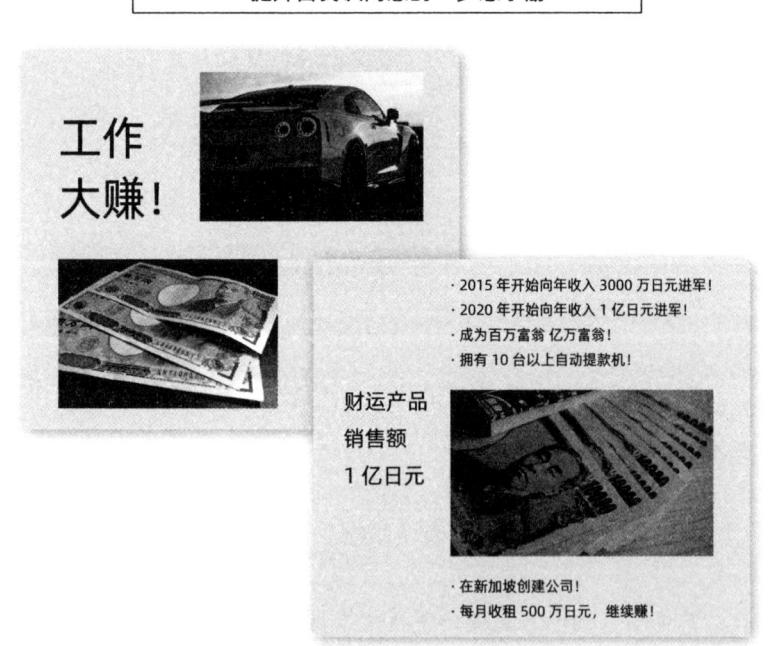

工作大赚!

· 2015 年开始向年收入 3000 万日元进军!
· 2020 年开始向年收入 1 亿日元进军!
· 成为百万富翁 亿万富翁!
· 拥有 10 台以上自动提款机!

财运产品
销售额
1 亿日元

· 在新加坡创建公司!
· 每月收租 500 万日元,继续赚!

这本"梦想手册"上记载着"我已经拥有的东西",以及"我未来梦想拥有的东西"。我每天带着这本"梦想手册"跑业务,每天都会看一次。

这本"梦想手册"不仅能提升自我认同感,而且能激发自己的动力。你也一定要做一本。

结语：让销售变得有趣的核心法则

感谢你耐心看到最后。

"什么呀，销售其实很简单嘛。"你是否也产生这种想法了呢？

归根结底，我的销售方法就是以下这几点。

- ▶ 收集信息，以便给客户分类

- ▶ 收集信息，以便了解社长（谈判对象）的性格特点

- ▶ 消除社长（谈判对象）的戒备心理，赢得对方好感

- ▶ 激发对方的购买欲

内容就这些。

这些内容不要在第一次访问时都做完，要分两次循序渐进。

和你的销售方法截然不同吧？

"这么简单，我完全可以做到。"你是否也这么想呢？

推销产品时,只要和客户保持良好的关系,即使不好卖的产品也可能卖出去。

相反,再好的产品,客户都不会从讨厌的人那里购买。

因此,作为销售人员,最重要的一点在于如何让客户喜欢上自己。

为此,你要做的是,收集好信息,努力让对方开心。

当然,你的客户中一定有自己讨厌的类型。

很多销售人员,面对自己讨厌的客户也会拼尽全力。

他们认为这是自己的任务,不能轻易放过任何一个客户。

如果你这么想,那就大错特错了。

想到为了提升业绩还要向自己讨厌的人低头,就会讨厌销售,从而讨厌自己。结果自然卖不出产品,陷入恶性循环。

因此,从今天开始你要转换思维方式:"不用勉强自己把产品卖给讨厌的人。"

面对喜欢的人，愿意为他建言献策，愿意站在他的立场上提出好的方案。面对讨厌的人，会打心底里抗拒，自然也无法提出好的意见。

你的这种情感会无意中传达给对方，产品自然卖不出去。

反正结果都是卖不出去，又何必为难自己把不必要的时间浪费在讨厌的人身上呢？

而应该在喜欢的人身上多花心思。

这样做，对彼此都好，也更有效率。

刚才提到第一次访问时，以"调查"为目的。调查也包含自己是否喜欢对方。

如果讨厌，就不要为难自己把产品卖给他。

只要你的心态对了，销售就会变得有趣起来。

销售人员也是有权利选择客户的。

最后，衷心感谢给予我出版机会的 KANKI 出版社的今驹菜摘编辑，以及为我搭建出版平台的天才工厂的各位。

借此机会，我还要感谢生我养我的父母，感谢生命中遇到的所有人。

谢谢你们！

最后，也非常感谢看完这本书的你。我打心底里为你加油助威。

谢谢你！

最后的最后，祝你业绩攀升节节高！

销售，是件美差！

图片版权说明

本书 P166 图片来源如下：

汽车：https://www.pexels.com

日元：(左图) https://www.canva.cn (右图) https://unsplash.com